JN187841

水野仁輔

カレーの奥義

プロ10人があかすテクニック

カシミールカレー

「デリー」を代表するカレー。
鮮烈な辛さと奥行きのある味わい、
常習性を持つ。
さらりとしたカレーソースの中に
驚くほどのうまみが潜む。

デリー／田中源吾

特撰ビーフカレー（中辛）

ビーフカレーのお手本というべき味。
12種類のスパイスの香り、ブイヨンのうまみ、
炒めたまねぎやりんごの甘み、
そして、牛肉の味。すべてが高いレベルで融合し、
バランスを取っている。

ルー・ド・メール／鈴木正幸

ディナーセットの一例

各種タンドール料理、カレー、ナン、
サラダ、アチャールなどの盛り合わせ。
人気のバタークリームカレー（写真右奥）は、
乳製品のコクとスパイスの香り、ナッツの香味が
見事に溶け合った味。

サールナート／小松崎祐一

本格洋食 カレーライス

創業100年を超える老舗洋食店のビーフカレー。
カレー粉と小麦粉を丹念に焼くことで生まれる
ソースの切れ味は、唯一無二。
「ご注文特別仕立て チキンカレーライス」も
オススメ。

レストラン吾妻／竹山正昭

ポークカレー

「共栄堂」の一番人気にして最もスタンダードなカレー。
柔らかく煮込んだ豚肉と、
香ばしいソースが口の中で溶け合う。
独自の焙煎(ばいせん)技術によるスパイスの風味に
やみつきになる人が続出している。

共栄堂／宮川泰久

グリーンカリー

なす、キャベツ、牛肉など素材のバランスが絶妙。
口当たりはさっぱりしているが、
味わい深く何度食べても飽きない。
また、ゆで卵がいいアクセントに。
ソースの色の鮮やかさにも注目してほしい。

ピキヌー／山口 茂

ソースキュリー
季節野菜の蒸し焼きトッピング

洗練されたカレーの一つの完成形。
さらりとしたソースの中に、
和牛すね肉のうまみと何種類もの野菜の甘みが
存分に抽出されている。
油脂分による胃もたれもない。

ラ・ファソン古賀／古賀義英

チキンカリーと豆カリー

さらりとしたソースの中にローステッドカレーパウダー、
ランペ、カラピンチャなど
スリランカならではのスパイスの風味が宿る。
ココナツミルクベースのカレーに
ご飯が止まらない。

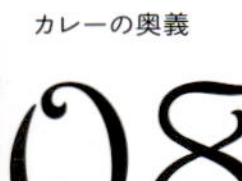

KALUTARA（カルータラ）／横田彰宏

ムルギランチ

1949年創業、日本で最も歴史のある
インド料理店の看板メニュー。
地鶏を長時間煮込むことでだしのうまみがたっぷり出たカレー。
キャベツやじゃがいも、ライスと
全体的に混ぜて食べるのが流儀。

ナイルレストラン／ナイル善己

中村屋純印度式カリー

日本で初めて提供された純インド式カリー。
たまねぎ、鶏肉、ヨーグルト、バター、カリー粉、お米。
一つ一つの素材を突き詰めた末に生まれる上質な味わいは、
さすがの完成度。
ふくよかなコクがあってしみじみとうまい。

新宿中村屋／二宮 健

水野仁輔 ビーフカレー

今回取材した10人のシェフの技と
そのエッセンスを駆使した
水野流究極のカレーとそのレシピです。

【材料】（約4人分）

主材料
- 牛ロース肉
（大きめの一口大に切る）………400g
- パウダースパイス
  - ターメリック………小さじ½
  - パプリカ………小さじ1
  - ブラックペッパー………小さじ1
  - クミン………小さじ2
  - コリアンダー………大さじ1

副材料
- 紅花油………大さじ1
- ホールスパイス
  - マスタードシード………小さじ½
  - フェヌグリークシード＊2………1つまみ
  - 赤とうがらし………4本
- たまねぎ（大きめのくし形切り）
………（大）½コ分（180g）

その他
- 赤ワイン………50mℓ
- バター（またはギー）………5g

●塩・こしょう

チキンブイヨン
（つくりやすい分量・600mℓを使用）
- 鶏ガラ………1羽分
- 香味野菜
  - にんじん………1本
  - セロリ………1本
  - ねぎ………1本
- ローリエ………1枚
- ブーケガルニ………1袋
- ブラックペッパー………20粒

ベース
- たまねぎ（繊維に垂直に薄切り）
………（大）½コ分（180g）
- にんにく（すりおろす）＊1………1かけ分
- しょうが（すりおろす）＊1………1かけ分
- カシューナッツ（砕く）………10g
- トマト水煮（ホールトマト）………200g
- 紅花油………大さじ1

＊1　にんにく、しょうがを合わせ、水適量を加えておく。
＊2　P.187注釈42参照。

【つくり方】

チキンブイヨンをつくる

1　鶏ガラをサッと洗い、鍋に水３ℓと一緒に加えて火にかける。

2　香味野菜は、耐熱バットに並べてアルミ箔(はく)をかぶせ、２００℃に温めたオーブンで、２０分間ほど焼く。

3　１が沸騰する前にアクが出てきたら取り除き、香味野菜、ローリエ、ブーケガルニ、ブラックペッパーを加えて（写真A）弱火で2時間ほど煮込む（写真B）。途中で出てきたアクと脂は徹底的に取り除く。

4　スープをこして鍋をかえ（写真C）、さらに1時間ほど煮込んでこす。

ベースをつくる

5　フライパンに紅花油を熱し、たまねぎ、塩小さじ¼を加えて強めの中火で飴色になるまで炒める（写真D）。

6　にんにく、しょうがと水を合わせたものを加え、塩小さじ¼を加えて水分がとぶまで炒める。

7　カシューナッツ、塩小さじ¼を加える。

8　トマト水煮、塩小さじ¼を加え、水分がとぶまで炒める（写真E）。

9　粗熱を取って、水50mℓを加えてミキサーでペーストにする（写真F）。

A

B

C

D

E

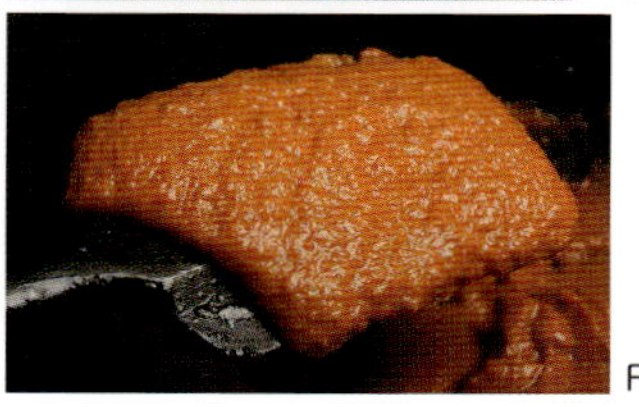
F

主材料を準備する

10　パウダースパイスをすべて混ぜ合わせ、フライパンでこんがり色づくまで弱火で4～5分間からいりし（写真G）、ボウルに移す。焦げ臭に変わる直前、強く香ばしい香りがたつまでが目安。

11　牛肉に塩・こしょう各適量をふる。鍋に紅花油少々（分量外）を熱し、牛肉を表面全体がしっかり色づくまで強めの中火で焼く。火を止めて出てきた脂をすべて拭き取る（写真H）。

12　10のパウダースパイスを11に加え、牛肉によく混ぜ合わせておく（写真I）。

カレーソースを煮込む

13　12の鍋を中火にかけ、赤ワインを加えてアルコール分をとばし、ブイヨンの½量を注いで全体がなじむまで混ぜ合わせる。再度沸騰したら残りのブイヨンを加える（写真J）。

14　火を弱め、表面がフツフツとする状態を保ちながら、1時間15分間ほど煮込む。浮いてきた脂は取り除く。

15　9のベース（ペースト）を加え、混ぜ合わせる（写真K）。

副材料を準備する

16　別のフライパンに紅花油を熱し、ホールスパイスを加えて強火で炒める。
17　赤とうがらしが黒っぽく色づき、マスタードシードがはじけてきたら（写真L）、たまねぎを加えて中火にし、ふたをして表面がこんがりするまで5分間ほど蒸し焼きにする（写真M）。

カレーを仕上げる

18　15のカレーソースの鍋に17のたまねぎを油、スパイスとともに加えて（写真N）、弱火で15分間ほど煮込む。浮いてきたアクや油脂を取り除く。
19　バターを加えて混ぜ合わせる（写真O）。塩少々で味を調える。

L

M

N

O

水野仁輔　カレーの奥義

プロ10人があかすテクニック

―はじめに―

例えば、こんなことを想像してみる。
ある日突然、神様が僕の目の前に現れて、こう言うんだ。君にどちらか一つの願いをかなえてやろう。極上のカレーをつくれる腕前が欲しいか、それともカレーの秘密をすべて教えてほしいか。腕前が欲しければ永遠にカレーの謎は解明されない。秘密をすべて知りたければ、死ぬまで極上のカレーをつくることはできない。

カレーとは何かを解明したい。常に僕はそう考えている。それは、おいしいカレーをつくりたいという気持ちとはちょっと違う。カレーという料理がなぜおいしいのか、何をしたらおいしくなるのか、そのメカニズムを解き明かしたいのだ。結果、抜群にうまいカレーをつくれるようになるのは、他の誰かでもいい。そう、すでに神様への答えは決まっていることになる。

その代わり、僕はカレーのおいしさの秘密を知るだけでなく、さらにおいしいカレーをつくるためのヒントが欲しい。調理の醍醐味は、本来、そこに存在しなかったはずのおいしさを加熱によって導き出すことにある。80点の素材を調理した結果、100点のカレーが生まれたとしたら、その理由を知りたい。そして、そのカレーを120点にする方法を知りたいのだ。なんて欲が深いんだろう。

プラス20点をどう生み出すかにシェフの技術が宿り、主義やスタンスがにじみ出る。たまねぎ炒めのプラス20点とスパイスを使うプラス20点と肉を煮込むプラス20点はそれぞれ違う。それらが何かを突き止めたい。次に模索したいのは、プラス20点をプラス30点とかプラス50点にする方法だ。もしくは、一度のカレーづくりでプラス20点を何度も繰り返すことはできないのか。

こんな酔狂なアプローチに大いなる示唆を与えてくれるシェフ、この難題を共に考えてくれそうなシェフたち10人に実際に会って議論するチャンスがある。なんと幸せなことだろう。僕は評論家でも研究家でもなく、出張料理人である。だからこそ、数々の調理上の疑問や壁にぶち当たってきたし、その分、シェフの発言の行間をくみ取れるはずだ。他でもない僕がインタビューする意味はそこにあるんじゃないか、と思っている。もしかしたら、この10人の中に神様がいたりして。そんな期待を胸に秘めながら、お店に足を運んでみたい。

装丁・本文デザイン
佐藤芳孝

撮影
髙橋栄一（カバー、水野仁輔 ビーフカレー）
水野仁輔（各店カレー、シェフ撮影）

校正
今西文子（ケイズオフィス）

口絵・本文DTP
NOAH

奥義 01

デリー

田中源吾

たなか・げんご　1952年東京都生まれ。81年、株式会社デリー入社。84年、ムンバイ　ケータリングカレッジにてインド料理基礎コース受講。2001年同社、代表取締役社長に就任。インド料理歴は35年に及ぶ。

Interview with Gengo Tanaka

「たまねぎの焙煎(ばいせん)がカレーに及ぼす効果とは?」

頭脳明晰な田中さんの発言は、この店の名物〝カシミールカレー〟に匹敵するほど切れ味がいい。緩みない探求心と独自の視点から繰り出されるカレー論は、僕の大好物だ。だから、ひとたびカレーのテクニックについて議論を始めてしまうと、とめどなく続くことになる。楽しい時間は終わりが見えないほうがいい。

おいしいカレーをつくろうとする日本人は、常にたまねぎを炒めることに心血を注いできた。明確な理由も知らないまま……。実に60年以上前から「デリー」はこのことに対する答えを持っているのだ。それが何かを教えてもらわなければ、僕はこの先、前には進めない。

一番好きなカレー店はどこですか? 最もよく聞かれる質問であり、かつ、最も答えに困る質問でもある。そんな時のために最も楽な答えを用意している。「んんん、『デリー』かなぁ」。これで納得する人は多いし、さらに突っ込んで聞かれたら、自分のルーツを話せばいい。この老舗でかつて修業したシェフが始めた、生まれ故郷のカレー店の話を。

とことんまで焙煎したたまねぎが、スパイスの辛みや刺激を際立たせ、一方でしみじみとした味わいをも生んでいる。「極める」などというのは陳腐な表現だが、たまねぎの加熱がカレーに及ぼす効果を突き詰めて考察しているカレー店があるとしたら、「デリー」はその筆頭と言っていい。

―カレーの香りには3種類ある―

――僕はカシミールカレーのレシピを知りたいわけじゃないんです。レシピで伝わらないところに本当に大事なテクニックがあるはずだから。例えばたまねぎだって、炒めている時は香りと音と見た目、例えば油の沸き方とかを見ながら炒めているわけじゃないですか。カシミールカレーのたまねぎは90%脱水すると聞きました。そこまでやらないと出ない味っていうのは何なんでしょうか？

田中　創業者の田中敏夫は料理人じゃなかったわけですよ。自分はつくれないけれど、どうやったらいつも店の味を同じにできるんだろう？　と考えた。人につくらせる前提がある時に、〝**たまねぎを限界まで炒めること**〟**が誰にでも理解できる判断基準になる**んだと思ったんです。「デリー」のレシピには、「たまねぎ2キロを炒める」とは書いていない。その代わり、「炒め上がりのたまねぎを何グラム使う」というつくり方をしているわけですよ。仕上がったデリーオニオン(注1)が基準。さらにそれを仕上げるシェフによってクオリティーが微妙に違うから仕上がりの状態のブレを最小限にするため三つを混ぜる。

――三つの炒めたまねぎを混ぜて3で割るということですね。

田中　そういうこと。それでバランスが取れるだろうと。しかも、そもそものデリーオニオンの設計が、焦げるギリギリまでやれということになっているから、目安が出しやすい。要するに、「8割ぐらいで止めろよ」と言ったら、その8割の感覚がシェフによって違うけど、限界までやれとなっていれば、どのシェフも同じ場所にたどりつくだろう。一番の判断基準は味よりも色。

――**味には主観が入るけど、色は客観的に判断できる**から。ただ火を強めると一見、表面に見える色は限界の飴色までいっても、中にまだ水分が残っていることがあるでしょう。ちゃんとつぶして脱水する必要がありますね。ところで、スライスは繊維に垂直に切りますか？

田中　そうですね。昔はそれをまずスパテラでつぶしてた。もう、水没するぐらい水が出ます。ミルクの中にたまねぎが浮いているような状態までつぶしちゃうわけですよね。そこからがスタートです。そこから油を入れてということですね。田中敏夫は非常に嗅覚がいいんですよ。最近、僕が感じることというのは、においを大切にしているシェフが少ないと思うんです。いいスパイスの香り。**カレーの命の一つはにおいだと思っている**んです。香りがいいカレーをつくりたい。ただスパイスを入れればいいっていうのでもない。

――香りには、鼻から入る香りと鼻から抜ける香りの2種類あると。これは僕、以前に田中さんに聞いてすごい面白いなと思ったんです。でも、カレーをつくるほとんどの人が、鼻から抜ける香りのことはあんまり意識してないですよね。やっぱり鼻から入る香りのことを考えて料理をつくっているので。

田中　喉から鼻へ戻る香りね。香りの問題っていうのは田中敏夫からずいぶん言われていて。コルマ(注2)

カレーなんか提供する時には湯気が立たないほうがいいと思っているんです。そうすると、鼻から香りは入ってこないから、食べている時に喉から鼻に抜けるだろう。一方で、カシミールカレーは**お客様に出した瞬間に「いい香り」と言わせろと。その次に、できるだけアツアツのご飯にそれをかけるとご飯の湯気と一緒にまた鼻に入る。それから食べて、グッと飲み込む瞬間にグッと鼻に戻るわけ。この三つをメインで考えていけばいい香りのカレーができるんじゃないかという結論になった。**だから、そのためにはどうしようか。うちはランチに忙しいのに5升炊きの釜で2升しかライスを炊かないわけですよ。それは新しいアツアツのご飯ができるだけ早く炊けるように設計しているからです。

――香りの段階をABCで区別すると、Aが運ばれてきた時、Bがライスにかけられた時、この二つが共に鼻から入る香りで、Cが喉から鼻に戻って鼻から抜ける香り。

田中　そうですね。感じないこともあるだろうけれども、やっぱりご飯が熱いと香りを感じやすい。すくって食べる瞬間にすごく鼻に近づくわけですよね。だからご飯は熱いほうがBの香りの印象を残せていい。

――食べ終わったCの段階の香りはやっぱりABとは違うわけですよね。

田中　うん。Cの**喉から鼻に抜けてくるカレーの香りというのは、カレーのつくり始めに決まっちゃうんですよ。**たまねぎを炒めた中にスパイスを入れて、そこでどこまで香りを引き出せるかで。水を入れたらもうそこから先は香りが出ないというのが「デリー」の考え方なのね。だから喉から鼻に抜ける香りというのはその時点で決まっているわけ。

――たまねぎを炒めたところにパウダースパイスを入れて生まれる香りと、喉から鼻に抜ける香りはまた別なわけでしょう？　調理の途中で香りの質は変わりますよね。

田中　変わるんだけども、その強弱がつくり始めで決まるということです。

――C段階の香りが出るかどうかはそこで決まる。判断基準がシェフによって違うという話でしたが、色や香り以外にも味に関しては、田中さんの場合は、食べてみてすごく甘いけれども、ほんの少し酸味を感じた時がたまねぎの炒め上がりだと考えている。一方で苦みを感じるギリギリ手前というような感覚を持っているシェフもいる。

田中　スパイスを入れた時に、ツンとしみるといいますか、鍋に顔を突っ込んでちょっと目が痛くなってきたら、というのが目安。ソテードオニオンの中にスパイスを入れたら、そこでものすごく練り上げるわけです。それを鍋底にスパテラできれいに並べて、どこも隙間がないようにしたい。それで、一番弱火にかけてやると少しずつジワジワジワジワ熱が入ってくる感じがある。よしよし、と思うわけですよ。そこでいったん火から外してもう一回かき混ぜて、また同じように弱火にかけて。それで顔を突っ込んで、スパイスの香りを目まで来るような刺激にしてあげる。それ以上やると焦げ臭くなるっていうのを自分なりに判断して、よし、これが限界だと。それを目の痛さで決めていたという感じですね。

――他にも炒め上がりを判断する要素はあるんですか？

田中　**炒めたまねぎを指でもむんですね。そうすると分かります。**クチャッとつぶれてまだ中が白いようじゃ駄目ということです。

――水を入れていった時にたまねぎが浮いてきちゃうのは、炒めすぎた時ですね。スパイスを混ぜた後ブイヨンを入れた時にポワーンって浮いてくる。たまねぎがドライになっちゃってるから。

田中　強火で急いでやっちゃうとたまねぎが堅くパリパリした状態になって、カレーソースが完成した時に黒いかすのようなものが浮いてきちゃう。まあ、熱伝導が１００％同じとは限らないわけですから、そこで複数のデリーオニオンをミックスするわけだけど。

――炒めたまねぎの酸味についてですが、以前出版した『カレーの教科書』の時にたまねぎの加熱における状態の変化について論文を出している大学の先生を取材したんです。たまねぎの加熱が進むと、ある瞬間から酸味を感じるようになるそうです。基本的にたまねぎの糖度は、生の状態でも飴色の状態でも変わらない。だから、たまねぎを炒めると糖度が増すというのは嘘で、糖度は変わらないんだけれども、苦みとか辛みとか別の味が飛んでいくので、総体的に甘みを感じやすくなる。これがどんどん進行していくと、ある瞬間からなぜか酸味を感じるようになるという。そういう意味でいうと、田中さんの少し酸味を感じた時というのは、経験値としてそれをつかんだんですね。

田中　僕は酸味が得意なんです。舌の上にのせた瞬間にスッと酸味がちょっと来るんですよ。

――例えば80％じゃその酸味というのは出ないわけで、90％まで脱水が進んだ時に酸味が出るわけですよね。だから、それはすごく分かりやすい判断でしょうね。僕はカレーパウダーを自分で調合した時、嗅いだ香りを適正な熟成期間が終了した合図にしています。ほんのちょっと酸味がフワッと来る時があって、そうなると「ああ、できた」と。

――焦げ臭と焦げ味は違う――

――ところで、たまねぎを炒めた時に出る香ばしさというのはどういうふうに捉えていますか？インド人はとにかくたまねぎの香味を重視するじゃないですか。だから、強火でガンガンやって、中に火が通ってなくても表面のこんがりした香ばしさで、それも多分スパイス的な感覚で香りを重ねていくような意識があるんだと思うんですけど。

田中　そうですね。それはその通りです。簡単に言うと、**焦げ臭いけど苦くない**んですよ。

――すごく納得がいきます。その焦げ臭さっていうのは、ネガティブなものじゃなくて、言い方を変えれば、それがたまねぎを加熱することによって生まれる香ばしさなわけですよね。それはある程度のところまで火を入れないと出ない香りですよね。たまねぎを焦がすということへの恐怖心から慎重になってしまうと味にメリハリが出ない。ぼんやりした味になってしまう。僕はいつも「焦げてもいいと思うくらいの気持ちで」と言うんですよ。**たまねぎって焦げ色と焦げ臭との間、さらには焦げ臭と焦げ味との間にタイムラグがある**んですよね。焦げ臭はするけど焦げ味はしないっていう状態があるじゃないですか。そこを見極められるかどうかが実力の差になりますね。

田中　その通りですよね。でも、本当に焦げてしまった時には、もう僕らの中では、処方箋ができているわけ。鍋を替える。だから、非常に神経質なシェフの場合は焦げていないうちからすぐ鍋を替える。一つのソテードオニオンができ上がるのに2度鍋を替えるシェフもいました。

──わざと焦がしながらカレーをつくるというインド人シェフもいます。誰がどう見ても完全に焦げてる。でも鍋は替えない。水をそのまま入れて煮込むんだけれども、焦げ味は全くしないというんです。すごくうまい。でも、全部空になって「さあ、洗おう」と思うと、もう鍋底が完全に焦げ付いているからガリガリこすらなきゃいけないんですって。普通は、アウトのはずなんだけど。同僚のシェフは「不思議でしかたがなかった」って。結局はつくり手がコントロールできていればいい。焦げているのを認識して調理が進められる人だったら〇Kなんだと思います。相当なレベルにないとできない芸当ですが。

田中　鍋を替えるまでいかない焦げの場合は、基本的に底はこすらない。放っておこうと。ただ、スパイスを加えた後に焦げたらもう絶対アウトですよ。僕らが使っている寸胴でたまねぎを炒めていくと、その限界線としては、とにかく**内側の鍋肌に焦げ目がついたらアウト**なんです。たまねぎの体積

（容積）は減っていくわけですから、そうするとこの周りについている焦げはできるだけ早くゴムべらで落としながら他のたまねぎと混ぜ合わせる。まあ、**焦げるっていうことの概念がシェフによって違う**んでしょうね。

――たまねぎを炒める時は、僕は感覚的に、たとえ1%が完全に焦げて犠牲になったとしても、残りの99%にしっかり火が入ったほうが、仕上がりのカレーはうまくなると思っています。カシミールカレーみたいに極限まで炒めるものに関しては、ある意味もう正解が一つしかないので分かりやすいのですが。ところでたまねぎの切り方を変えたらカシミールカレーの味は変わりますか？

田中　お店で出しているデリーカレーもカシミールカレーも昔は今よりもっととろみがあったんです。シャバシャバが正解だっていうイメージがあるものだから、常連のお客さんから「今日のカレーはとろみが強いじゃないか。あのシェフは下手だな」と。じゃあ、できるだけシャバシャバにつくるためにたまねぎを繊維に垂直に切ってみようとなったんです。その切り方が2日目にとろみが強まった時の味に影響するんじゃないか。正しいかは分からないけれども、このほうがおいしいじゃない、という結論になったんです。

――「ミキサーかなんかですりおろしちゃえば？」ということはなかったんですか？

田中　多分すりおろしてもそんなに水分を飛ばせないんじゃない？　焦げ目から生まれる香ばしさも出なくなっちゃうから、間の抜けたカレーになりそう。やっぱりある程度たまねぎの長さがないと焦げない。水分が出たらほぼ何も残らないわけじゃないですか。みじん切りの場合だと、完全に水分が出きった時にはちょうどいい段階を通り越して焦げ臭さが出てくるところまでいっちゃう。みじん切りの場合は、焦げてるけど苦くない状態が短いんだと思うんですよ。

――そうかそうか。みじん切りにすると早めに苦みが来ちゃう。

田中 そうですね。スライスしていれば、全部の細胞が完全に一つずつ壊れるわけではないですから。

――スライスの場合、繊維に沿って切るのと垂直に切るのではどう違うんですか？

田中 繊維に沿って切っている場合は水を吸って膨らむわけでしょう。繊維に垂直に切っているから水を吸っても膨らまない。だから、垂直のほうがより香ばしいんだと思うんですよ。香りを大切にするから、香ばしさよりも苦みのほうが先に立ちやすいみじん切りは絶対にやらない。

――たまねぎのみじん切りというのは細かくしちゃうと甘みが出にくいという視点もあります。だから粗みじんにしたほうが甘みが出る。食味でいうと、糖度は変わらないわけだから、別にどれぐらいに切ろうと、熱が入って辛みや苦みっていうのが飛んだ状態でも多分甘みは感じるわけですよ。みじん切りのサイズと甘みの感じ方っていうのは、水分をどこまで飛ばして炒めるかによって変わるんじゃないかなという感じがしていて。たまねぎ炒めっていうのは、切り方、加熱の方法に関する考察がまだまだ必要ですよね。

田中 たまねぎ炒めっていうのはすごく難しい。油を入れてからの時間、例えばコルマカレーをつくっている時なんかも、油を2段階に分けるとか、あるいは最初はできるだけ入れないようにするとか、どこまで油を入れないで引っ張れるかが勝負だとかいろんなことを考えてやっていて。ジュクジュクつぶしながらやっていくやり方と炒めていくのとでは明らかに香りが違いますし。

――例えば強火で焦がしていって水を入れたりとかするのも全然違いますからね。

田中　そう。最後の仕上がりが一緒ならいいじゃないかという考え方もありますが、やっぱり一番初めに炒め始める時の香りというのが残ってくるんじゃないかなと思うんです。

――Cの香りがどうなるかに影響する。やっぱり基本的に調理っていうのは「ここまでやったら次の段階に進みましょう」なので、どこまでやればいいの？　っていうことに注目が集まるわけですよ。でもたまねぎの炒め始めの香りが大事だと語った人は今までいなかったかもしれないですね。田中さんが初めてになるかも。

田中　いろんな料理書とかレシピ本などを見ていくと、たまねぎを炒めるのはカレーにとって重要だけど作業が大変だから、まず先に電子レンジでチンしましょうと。

――冷凍させておけとかね。

田中　でもそれでは絶対香りが違ってくるんですよ。

――単純に飴色というゴールにたどりつけばいいと思えば手段はいくらでもある。同じ山の頂上を目指すのに登る道はいくらでもあるけれども、どこから登るかによって仕上がりは変わる。香りや風味や味など。

田中　たまねぎを炒める時の鍋中の温度管理っていうのはやっぱり僕らにとってもまだまだ難しいところだね。それによって香りが違うし。**たまねぎってみんなが考える以上に繊細**だと思ってますよ。

――生まれ持った性格は変わらない――

――例えば脱水80％でカシミールカレーをつくったら、どうなりますか？

田中　まず、**たまねぎの炒めが足りないと、喉から来るスパイスの香りが弱くなる。**だから、水分はできるだけ使わない。インド人がスパイスを水で溶いたり、水と一緒に加えたりするのは焦がすと苦くなるからですよね。でもうちではやらない。僕たちは、そこでもまた挑戦をしているんだけど。

――ギリギリの綱渡りで香りを出している。一歩間違えたら崖から足を踏み外すわけでしょう。

田中　田中敏夫とそういう話をした時も、「それはね、源吾君、インド人より日本人のほうが香りに関してずっと優秀なんだ。例えばほんの微細な香りも嗅ぎ分けるのは日本人だ」と言っていました。スパイスが香りを発する温度というのは決まっている。80℃とか60℃とか100℃。そう考えると、水が入った瞬間に100℃以上にはならないわけですから、100℃以上でいい香りを出すスパイスがあったとしたらその香りは十分に引き出せない。だから、クミンやマスタードなんかは高温の油の中に入れるわけですよね。そういう意味から考えていくと、水を入れるとやっぱり香りは弱くなるのではなかろうかと想像するわけです。そうすると喉から鼻に抜ける香りが弱まってきて、普段の食べ終わった時の満足感が少なくなる。

――Ｃ段階の香りが弱まるわけですからね。でも、そのＣ段階の香りを出すために、焦げたら台なしになる可能性のある粉のスパイスを入れるというところが、「デリー」の挑戦ですよね。ＡＢ段階の鼻から入ってくる香りに関して言えば、香りがするものっていうのは、後半に加えれば加えるほど立つわけじゃないですか。だからテンパリング(注3)を最後にやるとか、後半にカレーリーフ(注4)をフワッと入れたほうが香りは立つ。香菜を刻んで最後に混ぜ合わせたら、ここで香りが立つ。だけど、カシミールカレーの場合は、結局たまねぎを炒め終わった段階で粉のスパイスを入れるわけだから、この香りは煮ていく間に徐々に落ちていきますよね。

田中　ＡＢの香りについては、うちでは最後にマサラミックス(注5)をつくっているんですが、盛り付けて湯気が上がったカレーの上からひと振りしています。ＡＢの香りが立った状態で席に運んでいくわけです。

――器に盛ってからひと振りしているんですか。鍋で完成の時じゃなくて？

田中　そうです。ひと振りしてから提供するまでの時間は30秒ぐらい。他店に比べて上野店のほうがおいしいっていうのはそこじゃないかと思います。**目の前で盛り付けるからお客さんに提供するまで**

の距離が短い。

――そうですか。盛り付けて食べるまでの距離と時間がABの香りの印象に関係してくる。でも、Cの香りは銀座店と上野店とで変わらない。

田中 それは変わらないと思います。

――ということは、ABは香りの鮮度が肝なんだけれども、Cの香りに関しては違う。幼くしてその人の人格が形成されてしまうようなものですね。

田中 だからその瞬間のプロセスを重要視しようねというのはそこなんです。

――大人になるまでに経験を積んだとして、変化する部分と根本的に変わらない部分が人間にもありますもんね。

田中 そうなんです。だから、そこでいくら水を入れてスパイスを足して、例えばトマトジュースを足そうが何をしようが、**いろんなことをやっても元の性格は変わらない**んです。元のカレーがもう半分以下になって新しいカレーをつくって混ぜてやれば、新しいほうが増えてくるからその味が優勢になることがあるけれど。そうすると、「こいつは出来が悪いな」と思うとシェフは今度は何を考えるかというと、次のカレーをつくるタイミングをできるだけ遅らせるわけです。半分半分に混ぜちゃうと、次のカレーもやられる可能性があるから。

――人間の成長と同じだと思うと面白いのは、順番で言うと、Cの香りが先に形成されているわけじゃないですか。その後にＡＢの香りは仕上がり直前、提供する直前までまだ変わる可能性がある。でもでき上がったカレーをお客さんが食べる時はＡＢが先に香って、一番初めに形成されたはずのＣを最後に感じるわけですよね。第一印象で「ああ、この人いい人だな」と思って、もう少し深く知ってみたら本性が現れて、「あれっ、意外と想像してたのと違ったな」みたいな感じになるとか。

田中　でもまあ、ＡＢを感じてくれると僕はうれしいけど、普通の人はそんなこと考えないで食べると思うんです。そうすると、やっぱりＣの香りがかなり問題になってくるわけです。ただし、香りとしては出来が悪い子でもすごくうまみがあったりするわけです。これうめえな、と。例えば甘みと苦みと酸味がすばらしいバランスでできてるけど香りが少ない子だっているかもしれない。

─ 酸素をいっぱい入れたほうがおいしい ─

――よくシェフからは「同じ味を目指したい」もしくは「いつもおいしいと言われるカレーを目指したい」と聞きます。でも、お客さんは「この店味が変わったな」とか「今日のやつは違う」とか言います。でも、例えば喉元を過ぎた瞬間に鼻に戻る香りは、食べる人の口の中のコンディションによって変わる可能性がありますよね。

田中　ああ、そうか。それはあるかもしれないですね。それは、例えば前と味が変わったとか何とかっていう問題は、これは絶対レストランにはつきもので。例えばお客さんのコンディションだとかそういうのもあるでしょうけれども、それはカレーの問題じゃないと思います。

——気持ちの問題ですか？

田中　うん。だから、このお店の雰囲気が、内装が変わった、働いてる人が変わった、シェフが見ない顔だ、とか。それが9割だと思いますよ。それで、それを一回食べて「味が変わった」。じゃあ、実際に味っていうのは具体的に口で説明できなくて、辛いとか辛くない、あるいは甘いとか甘くないというのは分かりやすいかもしれないけれども、お互い突き詰めてもしかたがない話で。

——会社の上司と来るのと恋人と来るのとで、同じものを食べても印象が違う。

田中　だから**原因がお客さんにある場合は致し方ないとして、こっちにある場合は極力消さなきゃいけない**ということですね。特にデリーカレーというのは、じゃがいもとかにんじんとかりんごが入っているわけです。そうすると、絶対その成分は底に沈むんですよ。じゃあどうやって提供すればブレがないのかを考える。例えばターンターンターンと鍋中でレードルを攪拌（かくはん）させてシュッとすくうというやり方もあるかもしれないし、底を3分の1、真ん中を3分の1、上を3分の1すくって盛るというやり方もあるかもしれないし、そこに注力するのは、僕たちがやらなきゃいけない。

——「デリー」上野店の前を通ればＡＢの香りは店の外でも感じられるわけじゃないですか。でも、店の前をウロウロして「ああ、久しぶりにデリー良かったな」と思う人はいないわけで。やっぱり食べてCの香りを感じて「もう一回行きたい」とか「また来たい」というふうになるわけですよね。ちなみにカシミールカレーをつくった時に、仕上がりのソースの油は分離するんですか?

田中　ほとんどしないですね。

——油が分離しないということは、プロセスの中で乳化されるということなんですか?

田中　油が少なくて水が多いんですよ。100人前のカレーをつくるのにたまねぎ4キロぐらいに油が400グラム。少ないでしょ。仮に50人前のカレーをつくろうとした時に、ブイヨンは3600ccとか決まってるわけですよ。それ以外は水。また、今日のブイヨンは薄いとか濃いとかで、3600を4500にしたり5400にしたり、あるいは減らすかは料理長次第。だから、カシミールカレーの場合は、たまねぎが入った、スパイスが入った、香りが出た、野菜ジュースを入れた、ブイヨンを入れた、それで沸騰させた、そこから火を落としてごく弱火で1時間煮込む。キレのいいカレーにするためにアクは取ります。1時間たったら寸胴のポッチの線まで水を入れてやって、そこで味見をして初めて仕上がりの状態を決めるわけです。それで均一性を図る。

——1時間煮込んだ時には、もう入れた材料の固形物はすべて溶けてソースになっていますか?

田中　なってます。だって、固形物はないもん。

——「あ、今日のカシミール違うな」っていうのは、他のカレーに比べても気付きやすい感じがしますね。だって、ここまで突き詰めて調理しているカレーは他にないわけじゃないですか。

田中　ほぼそぎ落としたカレーですからね。

――そうですよね。引き算をしているカレーであればあるほどごまかしが利かないわけですよね。田中さん自身が店のメニューと関係なくカレーをおいしくつくろうと思った時には、やっぱりたまねぎはできるだけ詰めたいという気持ちが働きます？　自分の好みとして。

田中　それはカレーの種類によって、例えば白いソースにしたいカレーの時はそんなにやらない、というのはありますよね。あとは、マイブームのようなものがあるんですよ。自分でカレーをつくっていく中で、たまねぎをすごく詰めたものでつくってみたい時期とか。

――「デリー」のカレーじゃない田中さんのつくったカレーを食べる機会が今までいろいろあったんですけれども、田中さんのカレーは田中さんの味がする。田中さんの調理上の癖があるんですよ。できるだけなじませて、皿の中が完全に融合しちゃっている感じなんです。

田中　**酸素いっぱい入れたほうがおいしいっていう感覚がずっと頭に残っています。だから今でもカレーをつくっているとずっとかき混ぜてる**わけ。常にホモジナイズ(注6)というんですかね、乳化。工場でどういうふうにやったらいいんだろうとかっていうことを研究、試作する時に、ホモジナイズがテーマなんですね。最近の牛乳がそうですよね。細い管に圧力をかけて通すわけですよね。そうすると、水、油、水、油って交互の配列になるから、ホモジナイズができる。だから、カレーも水、油、水、油に配列して圧力をかけてあげたいんです。そうすれば甘みとかうまみに変わるんだって信じているんですね。

―― ところでカシミールカレーは、使うスパイスが独自ですよね。ナツメグとかスターアニスとかキャラウェイみたいなものっていうのは、いわゆるインド料理の感覚からするとそんなに使わない。しかもクローブやローリエなんかもパウダーじゃないですか。だいぶ独特ですよね。この辺はジャパニーズオリジナルカレーの性格を出すのに結構大きな要素という感じがしますよね。

田中 多分、田中敏夫はカレーパウダーをつくりたかったんですよ。僕の感覚からすると、例えばローリエでもキャラウェイでも、50人前に対してなぜ1グラムとか2グラムとかだけ入れるのか、味に関係しないんじゃないの？ と。「できるだけ複雑怪奇にしてやったほうがまねされないだろうと思った」と僕には言いました。昭和40年のメモなんかが残ってたりして、「カレーパウダーのつくり方」なんていうのが書いてあるわけ。「今後はこれに変えよう」とか、コメントが書いてある。だから、多分これは彼のカレーパウダーなんですよ。

―― では最後に。田中さんが思うおいしいカレーは何ですか？

田中 おいしいカレーは、「デリー」風に言えば、香りがいいこと。それと、うまみが強いこと。そういう意味の足し算はするけれども、お客さんが食べておいしいカレーっていうのは、一口目のインパクトではない。だから、一食を食べ終わった後においしいと思ってもらうカレーをつくりたいなと思いますね。**食べ終わりがおいしいかどうかを判断する方法としては、自分のカレーの味見をする時**

にご飯にかける。ご飯と一緒に一口でもいいから、大さじ1杯でもいいから食べれば、2～3分たった後に戻ってくる味が分かるから。だから、やっぱりカレーはご飯と食べたほうがいいと思いますよ。カシミールカレーのソースだけをずーっと飲む人ってあんまりいないと思うんです。カレーだけで味を見るというのではなくて、ご飯と一緒にちょっと一口食べてみて、後味がいいか悪いか。

――たまねぎは炒め始めがかなり肝心だ、とか、Cの香りっていうのは炒めたまねぎにスパイスを加えた時点で確定する、とか、調理プロセスではつくり始めを重視するけれど、提供した後は食べ終わりの印象を重視する。すごくレンジの長いカレーを理想としているんですね。

田中 そうなのかもしれません。

――「デリー」のコンセプトとは、ご飯をおいしく味わうカレーですもんね。ありがとうございました。

【インタビューを終えて】

Interview with Gengo Tanaka

カレーという料理の構造を分析し、テクニックにおける持論を展開した自著『水野仁輔 カレーの教科書』を読んで、田中社長はこう言った。「面白かったですよ。でも、店でつくるカレーの組み立ては、また違うんです」。すなわち、他に考えるべきことがあるのだという。

たまねぎ炒めについての見解にそれが表れていた。仕上がりの判断は、主観が入る〝味〟ではなく、客観的に評価できる〝色〟で行うこと。飴色の限界点を目指せばシェフによるブレが出にくくなること。いくつかの仕上がりをブレンドすることによってバランスを保っていること。カレーの品質を保つために心がけていることには多くの発見があった。

焦げ臭と焦げ味との間には時間差がある、という発言には大いに共感した。その差を見極められるのが優れたカレーシェフに求められるスキルの一つだ、と僕も前からそう感じていた。香りには3種類ある、という解釈には目から鱗(うろこ)が落ちる思いだった。「デリー」のカレーがそこまで設計されているのなら、僕はあの味に完全に翻弄されているに違いない。

奥義

02

ルー・ド・メール

鈴木正幸

すずき・まさゆき　1956年北海道生まれ。77年東京・銀座レカン、その後銀座ペリニィヨンにて修業。90年京橋ドンピエール料理長、2004年神田ルー・ド・メール総料理長に就任。14年神田3丁目に移転し現在に至る。

Interview with Masayuki Suzuki

「ビーフカレーにおける牛肉のおいしさとは?」

世の中には誰もが好きなカレーというのがある。ビーフカレーである。日本人にとってビーフカレーは、贅沢でおいしいカレーの代名詞である。老舗で格式高いホテルのレストランで食べるカレーは、たいていメインの具が牛肉だし、街場のカレー店でもビーフカレーは特別扱いされている。

御多分に漏れず、「ルー・ド・メール」でもビーフカレーがメインである。ところが、ここのビーフカレーは他とは違う。牛肉を食べると牛肉の味がするからだ。当たり前のことじゃないか、と反論する人がいるかもしれない。でも、ビーフカレーの牛肉にはカレーの味しかしないものが多い。肉の味がソースに抜けてしまっているからだ。

前から僕はビーフカレーにおける牛肉のおいしさについて疑問を持ってきた。気の遠くなるような煮込み時間を売りにするカレーは、ソースに存分においしさは出るものの、その代償としてほろほろに柔らかくなった牛肉の塊には、味が残らない。果たしてそれでいいのだろうか? このモヤッとした感情にケリをつけてくれたのが鈴木さんだった。

洋食とフランス料理との双方を経験し、両者の特徴の間で葛藤を続けた鈴木さんが、自身のカレー専門店を開くうえでたどりついた答えはなんだったのか。いつも舌の上でいただいている回答を言葉で聞けるチャンスがやってきた。

― カレーは簡単だけど難しい ―

―― 京橋「ドンピエール」より以前にカレーをつくることってあったんですか？

鈴木 「ペリニィヨン」の時はなかったです。カレー風味の料理はあったんですけど、カレーはフランス料理とはケンカしちゃうので。特にウコンの色と香りですよね。カレーは単体でなくて複合的な料理なので、ある程度はごまかしができるんだけど、その分、突き詰めようとすると難しい。僕はカレーはラグビーチームだと思う。

―― つくり始めてからでき上がるまでに、いろんな要素を最終的に一つの鍋に納めてカレーという料理を完成するということですね。その分、補い合えば、なんとかなるとも言える。

鈴木 でも、仲間同士でケンカしちゃうんです。それがカレーなんです。だから、**簡単なんですけどすごく難しくて奥深い。**

―― 本当に強いラグビーチームをつくろうと思ったら、やっぱり一人一人のスキルが上がらなきゃいけません。そうすると、さまざまなプロセスの構成要素が一個一個きちんとできてないといけない。それを、しかもシェフは監督となってちゃんと音頭を取らなきゃいけないんですものね。

鈴木 例えばたまねぎ1コにしても、どこまで炒めるのか、甘みを出すのか。ブイヨンも、チキンのブイヨン、ビーフのブイヨンを取ったり、肉の種類や部位によったり、時間帯、それらをすべて把握できてカレーなんです。

――「ルー・ド・メール」のビーフカレーを構成する要素は？

鈴木　一つはベースですよね。たまねぎと香味野菜のベース。他はスープですよね。それからスパイス、甘み、ビーフという具、それから副材。だから、基本的には**フランス料理のお皿の一品一品を全部まとめてつくってという計算ですね**。初めにたまねぎを程よく炒めて甘みを出して。50％ぐらいの脱水ですね。しょうがは牛脂で炒めて最後に香りづけとして加えます。**しょうがとにんにくは一緒に入れるとケンカするんです**。相性が悪い。にんにくはフレンチではほとんど使いません。もし使うのであれば、にんにくを3回、氷水につけてブランシェ(注7)して臭みを消しちゃう。

――たまねぎを使ったベースの話から伺いたいんですが、僕、たまねぎ炒めについてパリに取材に行ったことがあるんです。日本のカレーで使う飴色たまねぎのルーツがフランス料理にあるんじゃないかと思って。インド人は日本のカレーのようにたまねぎをつぶして飴色にすることはないから。ただ現地で取材しても「フランス料理でたまねぎを飴色にするものはない」という。

鈴木　リヨネーズという手法がそれに近いと思います。リヨネーズはたまねぎで有名なリヨンから来ているんです。ただ飴色になるまで炒めるとカレーがコーヒー色になるんです。味も濃くなりすぎる。そうするとスパイスが死んでしまうんです。スパイスを生かすにはある程度明るい色がないと。

――ブイヨンについては、どうですか？　どんな材料でつくりますか？

鈴木　にんじん、たまねぎ、セロリ。にんにくもちょっと入ってます。うちのブイヨンは、鶏ガラに加えて牛骨も入れています。それを2本ぐらいかち割って下に敷いて。

――焼きは入れるんですか？

鈴木　入れません。鍋底、チキンの下に牛骨を敷く。そうすれば、焦げ付く可能性が低い。最初に沸かした時に出るアクは血ですから、あれはちゃんと取ったほうがいい。塩もちょっといい塩。10キロで1万円とか。塩は全体の数％しか使わないものですから少しくらい贅沢してもいい。中国料理の場合は1回沸かして湯をすべて捨てますが、そうするとえぐみが出ちゃうんじゃないかな。チキンブイヨンの場合は、ある程度の黄色の脂とかはおいしくないので取ったほうがいい。いろいろ考察していくと、フランス料理ではなぜここできれいにアクを取るのかなとか、疑問点がたくさん出てきたんです。それで、フランス料理の技法を乗り越えて現状に落ち着きました。

――スパイスのチョイスについてはどういう考え方ですか？　いわゆる一般的にハーブと言われているようなものが結構入っていますもんね。

鈴木　香りが楽しめて奥が深くなるんです。スパイスは1、2種類だとちょっと深みがないので。でも、あまりいろんなスパイスを混ぜると、今度はケンカしちゃって苦くなっちゃう。**うちは大体12種類のブレンドですが、そこに行き着きましたね。**

――僕はスパイスのことはインド料理から学んだので、基本的に一つのカレーをつくるのに10種類以上のスパイスは使いません。だから日本で30種類とか40種類とかをブレンドしてカレーをつくっているのは、理解できない世界です。

鈴木　意味不明だと僕は思う(笑)。

――　必要最低限のセレクトにしないと個性が出しにくいですよね。ちなみに日本のカレー粉は30種類前後のスパイスが入ってます。

鈴木　本当はそれだけで十分なんですけど、それでは普通の香りなので、それにガラムマサラを足したりする。あれもミックススパイスですからね。複合、複合で混ぜ合わせるからケンカしてしまうんですね。

――　「ルー・ド・メール」で使用しているスパイスのラインナップでいくと、ターメリック、カイエンヌペッパー、クミン、コリアンダー、シナモン、ガラムマサラ。この辺はわりとインド料理でもスタンダードな並び。あと、パプリカはカイエンヌペッパーに結構近いというか。山椒とかオレガノ、ナツメグ、タイム。この辺は特徴的ですよね。

鈴木　山椒は多分、他ではあまりないと思いますよね。和山椒って脂っこさを消してくれるのかなと。すっきり感があるので。あと鼻に抜ける感じがするので。

――　食品メーカーの方とスパイスを研究されたこともあるそうですね。

鈴木　そうですね。**スパイスは放っておくと熟成していく**んです。だから若いスパイスのほうがピンピン香りが立っている。そういった意味でもスパイスをローストするのはいいんですけど、それを繰り返したら疲れ果てて香りの魅力がなくなっちゃう。ダメージの問題ってありますよね。パウダースパイスを水で溶くのとお湯で溶くのも全然違うし。使い方を間違えれば香りも出ない。ホールスパイスは熱いオイルと合わせるとボーンと香りが立ちますよね。

――スパイスが苦みを持っているということですね。その反面で甘みっていうところは、たまねぎから出る甘み以外に、要素としてチャツネ的なものが入ってくるということですか?

鈴木 甘みは基本的にはたまねぎですけれども、たまねぎだけだと奥行きが足りない。**スパイスの苦みをうまみに変えるのも甘み**なんですよ。それでチャツネやりんごのジャムを使います。

――つくるカレーによって適したジャムも違うと思います。ブルーベリージャムとかマーマレードの他にマンゴチャツネとか、はちみつとかはいかがですか?

鈴木 はちみつは例えばパイナップルと同じで、結合が全部なくなっちゃうんです。シャバシャバになっちゃうんです。パイナップルは酵素が肉を柔らかくするんですけど、逆に言うと、カレーに入れるとゼラチンが全部解除されちゃう。

――小麦粉が入っていてもつながらない?

鈴木 小麦粉は多少はいいですけど、今度は小麦粉臭さが出ちゃうから。**うちは結果的にりんごのジャムにたどりついた。**タルトタタンをつくっていて、残った時に入れちゃったんです。そうしたら「これ、うまいじゃないか」と。若いりんごをすって入れると、酸味だけ残ってカレーの中で発酵しちゃうんです。だから、りんごもある程度砂糖を入れてジャムをつくらなきゃいけない。例えば焼き肉ソースにはオレンジのマーマレードとか入れますよね。相性がいいんです。どうしてかというと、すき焼きに砂糖を入れるのと同じ感覚なんです。そういうことを考えながらカレーに応用していますね。甘みって何かなとか。実はフランス料理は砂糖はほとんど使えないんです。そういう意味ではフランス料理はかわいそうです。逆にカレーはずるいですよね。

——結局フランス料理は素材から甘みを出せということなんですよね。

鈴木 甘みとうまみも出して。自然食なんですよね、健康食なんです。

——小麦粉はマネージャー的存在——

——主材の牛肉はどうですか？　部位とか。

鈴木 ブリスケ(注8)やバラを使ってます。うまみと食感を考慮して。カレーにおける牛肉の柔らかさって何だろうか……。解決するのが煮込み時間だとするとスネ肉でもいい。スネはおいしいコンソメが取れるぐらいのスープに使っているので、相性がよさそうです。ホホ肉はネットリしてゼラチンがあるのでそれもいい。ただ、ホホ肉だけでカレーを煮込むと、何か味わいがスッキリしないんです。それで3種類をブレンドしてみたり。

――牛肉っていわゆるリソレ(注9)をしてからカレー粉、スパイスを絡めるんですか？　カレー粉をなじませるというか。

鈴木　基本的には**カレーをつくる時には肉にも味を付けたい**。そうすると、煮込んでもある程度味は残るんじゃないかと思います。カレーなんだけど肉のうまみをちょっと残したい。あと食感。形はあるんだけど食べたら柔らかいって、それはどういうことかなと思っていろいろ考えたら、まず小麦粉をつけて塩、こしょうをして肉自体もおいしくすれば、また煮込んでいる時に味が戻ってくるんじゃないかとか。

――小麦粉を薄くつけて焼いた後に肉の表面がこんがりしてじわりと脂がにじんでいるところにスパイスをまぶしておく。それで煮込む前にちょっと落ち着かせるみたいな。

鈴木　それがベストですね。

――例えば肉が生の状態で表面にカレー粉をまぶしておくやり方も時々聞くんですけど、あれをやっちゃうと、リソレすると焦げちゃいますよね。そうすると結局肉の表面に火が入らない。だから焼いてからまぶすほうがいいんでしょうね。

鈴木　焼くのは毛を焼いたりすることもあるからです。牛なんかはどうしても毛がいっぱい入っているので、焼くことによって毛焼きもできるということですね。

――副材料の選び方として、キノコ類というのはやはり風味付けですか。

鈴木 フランス料理ではよくシャンピニオンを使いますよね。ブフ・ブルギニオン(注10)とかシチューの時にシャンピニオンを炒めて付け合わせにします。シャスール(注11)っていうソースにはマッシュルームを使います。そんなイメージですね。メインの味を邪魔しないけれどもエキスは出てくれるから。

――ラグビーチームに例えると、選手一人一人の中に、フレンチ仕込みで鍛えられた脇役が存在している。

鈴木 そうですね。洋食屋さんの世界にエディー監督のように外からフランス人のシェフがやって来て徹底的に個々を磨き、レベルが上がった。フランス料理のシェフたちは常に考えて、新しいものをつくろうという意識がありますから。

――一つ一つのプロセスにちゃんと意味を見いだそうとしているじゃないですか。やっぱりそれが料理を進化させているんだと思うんです。フランス料理っていうのはそうやって進化してきたんだなと思います。一方でインド人のシェフは、何となく感覚的にできていることに関しては考察しようとはしないんです。「なんでこれをやるんですか?」という疑問に対して回答が得られない。日本のカレーの世界も似ているんです。すべてのプロセスに関して理路整然と理由を説明できるプレーヤーが極めて少ないと思います。だからひもとかれていないエッセンスが多すぎる。本当はラグビーの選手一人一人を、役割をちゃんと決めたうえで鍛え直すみたいなことを徹底的にやれるといいんですけどね。ところで、ルーは、小麦粉とバターを炒めてつくりますよね。

鈴木　いろいろやったんですけど、小麦粉とバターで炒めて置いておくと3日で風味が消えて、ただのドロドロになっちゃう。だったらそのルーはそんなに重要なものではないかなと。それよりは、ルーをつくるためにたまねぎとかをたくさん入れて、**野菜のつなぎでとろみを出してあげようかなと。**

――小麦粉は使ってはいるが、その比率や重要度は低いということですね。

鈴木　そうですね。だからうちのカレーでいえば、選手というよりもチームマネージャー的な存在ですね。一人一人の個性をうまく発揮させる。

――おそらく昔の日本のカレーは小麦粉で増量していたんですよね。だから安いんですよね。

鈴木　そうそう。僕も40年前にこの世界に入った時に、1週間に1回10キロのカレーのルーをつくりました。廃油の上澄みだけ取って、その時のカレー粉はS&BとC&B。小麦粉10キロに対してS&B、C&B、1キロずつぐらいをバットに入れて、100℃以下のオーブンにかけながら6時間ほど焼く。時々取り出してゴム手袋をして粉をすりつぶすんです。

――ホテルのカレーと洋食店のカレーの一番大きな違いは、どちらも小麦粉を使うんだけど、ホテルはたまねぎを炒めてからそこに小麦粉を加える。洋食店はやっぱり油と小麦粉でパラパラのカレールーを別につくる。そこが全く違うんですよね。鈴木さんが洋食店でカレー粉を練っていた時から「ドンピエール」でカレーをつくり始めるこの間というのは、フランス料理を1回経ているわけじゃないですか。どの辺が一番変わったんですか？　まず「ドンピエール」でカレーをつくる時、自分の中でカレーをつくる組み立て方というのは？

鈴木　ビーフカレーなので、まず甘辛という要素を加えたい。砂糖を入れないからどうやって甘みを出すか。一個一個ひもといて。そうすると、やっぱりたまねぎからくる甘みが大事になる。「ドンピエール」時代は毎日たまねぎの皮をむいていましたね。20キロのケースが3日間でなくなっちゃいますからね。今のカレーの要素と組み合わせが確立するまでに10年ぐらいかかりました。初めのころに比べると使用するスパイスの総量が100倍ぐらいになりましたね。前は耳かき1杯とかティースプーン1杯ぐらいです。

――それはフランス料理の感覚で、あんまりスパイスを入れちゃいけない、ということですか？

鈴木　そうです。キャトルエピス(注12)の感覚なので、入れすぎるとうまみを消しちゃうという感覚がある。だからほとんどスパイスの香りはしなかったと思います。ビーフシチューのカレー風味ですね。だから全くおいしくなかったですね。しかも、小麦粉でつないでいたので3日ぐらいたつと、どんどんえぐみが出てしまって、これでいいのかな、と思いながら。

――スパイスの量以外の変化は他にありますか？

鈴木　野菜も増えましたね。ミルポワ(注13)みたいな感じ。ミルポワでとろみを出せばいいのかなと思って。それで小麦粉の量を減らしていった。味わいはスッキリしてきますよね。

——煮て休ませるからおいしくなる——

——煮込み方についての話を伺いたいのですが、鈴木さんはかつて、煮込んだ後に牛肉の中にどうやって味を残すのか、ということをいろいろ考えていらっしゃった。あの当時、僕は、長時間煮込まれてただ柔らかくなっただけの牛肉の塊がうやうやしくカレーの具になっていることに疑問を抱いていたんです。

鈴木　以前、フランス料理店「シェ・イノ」の井上シェフに聞きに行ったんです。「カレーをつくっていてちょっと悩んでいるんですけど」。「おまえな、それはカレーでなくてフランス料理の煮込みと考えればいいんだよ」と言われました。そこでちょっとふっきれたんです。**煮込みなんだから、その肉をうまく食べさせるにはどうしたらいいかということを考えればいいんだ**、と。

——そういう意味でいうと、要するにフランス料理で牛肉の煮込みということは……。

鈴木　ブフ・ブルギニオンですね。

——やはり。僕はカレーをおいしく煮込みたいと思って、一時期、ブフ・ブルギニオンをいろいろ調べたことがあるんです。何度もつくりました。どこかのタイミングでスパイスを入れればおいしいビーフカレーになるはずだと思って。あのおいしさはどこにあると思いますか？

鈴木　赤ワインですね。僕も今カレーに赤ワインを使ってますよ。

――でも肉を漬け込むわけじゃないでしょう？

鈴木　そこまでは使わないです。ただ、ワインの風味を残したければ肉を漬け込むのが一番。僕がちょっと分からないのは、漬け込んだ後の赤ワインはまた火を入れるじゃないですか。

鈴木　汁は一回沸かしたほうがいいですね。アクが付いていてそのまま入れると雑味が出ちゃうから。または、もうそれは捨ててもいいと思います。赤ワインの役目はそこで終わってます。

――ビーフカレーの煮込みで意識していることは何ですか？

鈴木　具にする牛肉は、長く煮込むとコンソメの二番だしとかチキンブイヨンにエキスが出すぎて同化してしまう。沸騰させて一定時間煮込んだら、そのまま火を止めて、また火をつけて、今度はゆっくり。

――それは休ませるということですか？

鈴木　そうですね。**あまり強い火でブーンと沸かしちゃうと、肉が膨張してうまみが全部出ちゃうんです。**

――休ませている間に牛肉に起こっていることは、1回出た味が戻ったりしているのですか？

鈴木　牛肉が「どうしようか」と悩んでいるんです、きっとね(笑)。あれ？　半分ぐらい味が肉の中に戻ったぞ、と。でも、まだ膨張してないんです。芯まで本当に入ってない。1時間半ぐらいたつとようやくワーンと、ダレッとなってきて。その時触ってみるとプップップとスポンジのようになるから火を止める。**また置いておくと、今度はすっかり肉汁が出ていたんですが、だんだんだんだん肉汁が肉の中に戻っていく。**

――そうか。2度目の休ませる時には戻っていっている可能性がある。

鈴木 そうですね。基本的にはそれをまた、熱いうちだと崩れちゃうので冷ましてから熱を入れる。そのまま肉を容器に移して。で、今度はカレーのソースのほうを仕上げて、最後に煮込んでいる鍋に肉を加える。そうすると本当に肉汁の半分は肉の中に残っているわけですね。もう一度火を入れることによって肉汁とカレーソースがお互いに足し算引き算になって融合する。

――**カレーソースに合わせるまでの間に煮て休ませ、煮て休ませとやるということはやっぱり大事**ということですよね。ソースを合わせてから2時間半それをやってもまた違うわけですよね。

鈴木 駄目です。煮込みってそこですね。僕の場合、形が残っていて堅そうに見えるんだけど、実は柔らかくて、しかも肉にも味があるぞ、というのがベストですね。そこがなかなか難しいですけどね。切り方によって、崩れちゃう時もあって。柔らかいだけがいいのかなっていうと、別物ですね。チキンなんか煮込みませんよ。チキンカレーをつくる時に、から揚げでもローストチキンでもおいしいのに、なぜ長時間煮込む必要があるのかということ。チキンは部位にもよりますが、基本的に45分以上煮込んじゃ駄目なんですよ。火が通ったらオッケー。

――カレーは煮込み料理だというイメージがありながら、カレーの煮込み方についてほとんど納得できるような答えが世の中にないんですよね。さて、ラグビー選手がそれぞれそろいました。それぞれの役割分担がかなり決まってスキルアップも重ねました。監督は試合直前にこの六〜七つの要素のバランスをどう取るんでしょうか。

鈴木　バランスはやっぱり風味と甘みと辛み。一番重要なのはやっぱりうまみが出ているかどうか。塩は控えめですね。**塩味は食材からどんどん湧き出てくる。**「ル・マンジュ・トゥー」の谷シェフは、「肉にも塩があるんだよ」って言っていました。「コンソメをつくる時はほとんど塩は入れないよね」と。

――そうか。だからあまり早い段階で塩味のチェックをして入れちゃったりすると、後から出てくる塩でバランスが崩れる。塩は足したら引けませんからね。

鈴木　それと仕込みの段階で仕上げないことも大切ですね。80％ぐらいの完成度にしておく。フランス料理のソースもそうなんですけど、ベースはつくっておいて、オーダーが来てからモンテ(注14)して仕上げたりするので、火がもう一度入りますし。

――試合直前にあまりテンションを上げすぎちゃうと、本番で疲弊しちゃう。

鈴木　ラストワントライの逆転がベストですね。最終的にはお客さんが口に運ぶ直前に完成。食べ手は何を求めてくるのかなと。ただおいしいだけじゃなくて、このカレーについて全部説明しろといったら全部説明できますという、そこまで研究しているということです。つくる前にすべてバーチャルで想像しながら、あれやってこれやってと……。数学と同じです。方程式を先に決める。最後はおいしいが答えなんだから。そのプロセスはどんなことがあってもいいけど、最後においしいに固まれば、どんなことをやっていてもいいんだよと。

——仕が上りを想像してそこに向かうプロセスを想定するということが、一般的には至難の業だと思います。まずそういう感覚がない。経験値として「これをやるとこうなる」という後付けの結果論はカレーをつくるシェフならある程度持っています。けれども、レシピを設計する段階で意図や狙いを明確に持ったり、結末を想像したりするのが難しい。だからみんな試行錯誤の末に生まれたおいしいカレーを大事にするんだと思います。でき上がったカレーから逆算して別のカレーを再設計できる人はかなり少ないんじゃないでしょうか。

鈴木　フランス料理の世界では普通のことだと思っていますけどね。

——テクニック解析が進んで精緻化されているフランス料理の知見があるからこそできることですよね。**つくる前に想定するということと、つくった後に判明することとの間には雲泥の差がある。**自分がやっていることがどこに向かっているのか、直後にどうなるのかが常に頭に入っている。

鈴木　僕はいつも映画を見る前に原作を読むんです。そうすると、別の理解ができて楽しめる。

——面白いですね。カレーをおいしくつくるためのコツは、「映画を見る前に原作を読むことだ」。映画を見てよかったら原作を読んでさらに内容を理解する。なぜ面白かったのか。食べる人は考える必要はないけれど、つくる人には必要な作業になりますね。ありがとうございました。

〔インタビューを終えて〕

Interview with Masayuki Suzuki

僕の知る限り、一歩先を進んでいるカレーシェフは、肉からどう味を抽出するのかだけでなく、肉にどう味を残すのかを考えている。「カレーをつくる時に肉にも味を残したい」と言う鈴木さんはカレーシェフの鑑だと思う。肉自体に味をつけて、煮込んだ後も肉に味を戻す手法の研究。沸騰させると肉のうまみは逃げていく。肉が本来持つ塩味にも配慮する。

スパイスのブレンドは12種類に行き着いた。適度に熟成し、香りが立ったスパイスの苦みをうまみに変えるのは、りんごのジャムが持つ甘みの役割だという。スパイスへの探求も肉の味わいに対する考察をバックアップする大切なエッセンスである。

肉の煮込みは、ブフ・ブルギニヨンを学ぶべし。それは、かつて、その煮込み料理をおいしくつくろうと腐心した僕を勇気づけてくれるひと言だった（いまだにその技術は備わっていないけれど）。いつか鈴木さんのつくるブフ・ブルギニヨンに僕のスパイス使いを加えたカレーをつくってみたい。このラグビーチームはかなり強くなるんじゃないかと思っている。

奥義 03

サールナート

小松崎祐一

こまつざき・ゆういち
1958年千葉県生まれ。84年東京・九段下アジャンタに入店。東京・淡路町るんびに、千葉県・検見川シタールにて修業。93年千葉県・船橋大神宮下にサールナートをオープン。現在に至る。

Interview with Yuichi Komatsuzaki

「インド人が大切にしているエッセンスとは?」

カレー店が秘密にしようとしていることに、本当の秘密は隠されていない。「ここから先は見せられません」という言葉には魔女の呪文のような見えない力が秘められているが、そこから先を見たところで、少なくとも目を見張るような事実は期待できない。僕はもうずいぶん前からそれを知っている。

小松崎さんがかつて、何気なく口にした言葉は、僕のカレー観に今でも大きな影響を及ぼしている。「秘密にするものは何もない。レシピは全部出せるよ。でもこの味にはならない」。そこに僕は実力を備えたシェフだけがたどりつく世界を垣間見た。一方でそれは、すべてを見せてもらってきたのに同じ味がつくれなかった彼自身の経験、もっと言えば挫折に基づいているはずだと感じた。

錚々（そうそう）たるインド人シェフたちと過去に肩を並べてきた小松崎さんが、インド人から学んだことは何か？　カレーにおいてインド人が大切にしているエッセンスはどこにあるのか？　どうすればカレーはおいしくなるのか。おいしいカレーには必ず理由があるはずだ。

大事なことはレシピには書けない。書きたくないのではなく、書くことができないのだ。じゃあ、その〝大事なこと〟を僕は、小松崎さんからくみ取ることができるのだろうか。「見せられないものは何もない」という人と語り合える。だからこそ難題に挑んでみたい。

――スパイスの配合を秘密にしない――

――小松崎さんは多分、最も多くのインド料理シェフと肩を並べて料理をしてきたシェフの一人だと思うんです。だから、そこで学んだことが何かを知りたい。

小松崎　最初に入った「アジャンタ」(注15)にマニがいて、フセインがいて……。確かにインド人シェフはいっぱいいいましたよね。

――マニさんから学んだことは何ですか？

小松崎　段取りですよ。それを学ばなかったら、うちの店の調理場はもっと汚かったろうね。とにかくきれいなんです。マニの家に遊びに行ってもきれいだもん。フセインもそうだから。フセインの家に遊びに行って一緒に料理をつくっても、仕上がった時点で鍋から何からすべてがきれいになってる。

――テクニック的にはどうですか？

小松崎　マニがカレーをつくってるプロセスで、これは、イメージの話になっちゃうかもしれないけど、最初に**油を入れてホールスパイスを入れて、たまねぎが入った時点でもうすでにおいしそう**なんです。

――えええ!?　何なんだろう、それは。

小松崎　「いつ味見してもいいよ」っていう感じ。その段階ではまだカレーではないんだけれども、

途中の鍋中がおいしそうでしたね。そこがやっぱり違うところじゃないかなと思う。ここから先、何

をやってもおいしくなりそうという風景が鍋中に広がっている感じがすごくする。たまねぎの切り方

一つ取ったって、きっちりそろっているから絵になる。一つ一つの仕事が丁寧ですよ。もう体に染み

ついちゃってるから。そういう**流れを自分でつくれちゃうから。**

——僕の知っている腕利きのインド人シェフは、スパイスを全部手づかみします。塩もパウダース

パイスも指でギュッギュッてやる。指が一番分量の感覚を覚えてるから間違いないって言ってて。知

らない人からすれば、「インド人って適当なんだな。指でつまんでバーッなんてやって」って思いそ

うだけど、そうじゃない。だからそういう意味でいうと、腕のいいシェフっていうのは、周りからど

う見えてるかは別として、かなり繊細なことをやってるっていうことですよね。

小松崎　そんなシェフの仕事は見ていても飽きない。手際とも違う。早く終わればいいっていうもの

でもないし。例えば3時間かかるものはやっぱり3時間かかる。だから、「俺は1時間半で仕上げる

ことができるんだ」っていうシェフの仕事が必ずしも魅力的だとは思わない。

——見るべきところをしっかり見られるというのも大切なスキルですよね。鍋中だって、別にずっ

と見てるわけじゃない。例えば1時間ででき上がるカレーの鍋中を見るべきタイミングでちゃんと見

られる人とか、見ていない時も音は聞いてるとか、それが料理のセンスだと思う。

小松崎　ひと言で言っちゃえば、やっぱり**体で分かってる**っていうことなんだろうから。それと変な

自信家ではないよね。「まずい」とか「何だこれ」とかって言われることにはすごい神経質というか、恐怖感がある。自分の仕事に対して自信を持つっていうことは必要かもしれないけど、反面、小心者なところもある。10人のうち9人が「すごいおいしい」って言っても、たった1人に「食えたもんじゃねえよ」って言われたら、家に帰って落ち込んじゃうタイプ。「このシェフいいな」と思う人にはみんなそういう繊細さがあるような気がする。

――インド人シェフが一番秘密にしたいのは何でしょうか?

小松崎　基本的に一番隠したいのはスパイスの配合じゃないかなと思う。

――そうですか。じゃあ、カレーをつくるうえでスパイスの配合は大事なんですね。

小松崎　スパイスって調味料じゃないから。組み合わせで、いわゆるうまみが出てくるわけではないしね。そのカレーをつくる香りや辛さの好みでしょう。かつての同僚だったタンデっていうシェフは絶対にシナモンを使わない。「なんで?」って聞いたら「嫌いだから」。とにかくビッグカルダモンが大好きなの。本人はやっぱりそれは隠したがるけれども、その部分が、自分のつくるカレーの根幹に関わるかといったら、別に関係のないところ。日本人がカレーに求めているところと、インド人がカレーに求めているものって、そこが一番違うんだと思うんです。**香り、辛さの絶妙なバランス感っていうのをインド人は一番に考え、日本人は多分うまみが一番だから。絶対違うんです。**

――でもその違いに気付いている人がどのくらいいるのか。以前、小松崎さんはこんなことを言ってました。「テレビでも雑誌でもいろんな人が取材に来て、秘伝のスパイスの調合を教えてくれませんか？　とかって言われるけれども、そんなものいくらでも教えられる。それがわかってもカレーはつくれないから」。あれは本当に腑に落ちた言葉でした。僕の中にカレー店の実力を見極める一つの尺度ができた。レシピを全部出せるシェフは実力のあるシェフ。隠すシェフはもしかしたらちょっと実力が足りないかもしれないシェフ。本当においしいカレーをつくるためのエッセンスはそこにはないわけだから。

小松崎　そうだよね。体に染み込んでる部分ってそういうことだから。

――だから多分、「マニさん、今の瞬間何やったんですか？」って聞いても……。

小松崎　分からないと思う。「エッ、何を聞いてるの？」っていう話になる。

――そう。でも、こっちは本当はそこを知りたいんですよね。

小松崎　インドでいろんな料理に関する本を買ってきて読んだけど、つくり方というのは基本的には全部一緒ですよ。ほんとに。だから隠すものは何もないんだけど、じゃあそれをどういうふうに言葉にしたらいいかっていうと難しい。だって、豆カレーなんてブイヨンも取らないし、豆と塩と、それから油とスパイスだけで、いわゆるお金をもらうものに仕上げなきゃいけないっていうところをどうやってるか。

――豆、水、油、塩でいくらかの時間をかけてでき上がったものが、300円しか取れないカレーと1000円取れるカレーとの差を生むわけですからね。

小松崎　言葉でもある程度は説明できるし、写真を撮っても示せる。だけど、「この感じ」っていう感覚がそれらでは表現しきれないんですよね。その時に、例えばそこから漂ってくる香りとか、ジュワジュワジュワッていう油のあぶくの出方とか。「ラ・ベットラ・ダ・オチアイ」の落合さんとか説明を「プチプチ」とか「ポクポク」とか「シュワシュワ」とか全部、音でやってるわけ。やっぱりこういうふうな使い方しかできないんだろうなっていう気はしちゃうよね。体で感じるところで「この瞬間だ」とかあるでしょう。それはその時の火加減とか、使っている鍋の大きさとか、つくる分量とかによって全部違うでしょう。だからそれは絶対に伝えきれない。

―見えない部分をコントロールする―

――例えばつくっていても、自分のイメージしているたまねぎの炒め加減があった時に、いつもいつもイメージ通りにいくわけじゃないじゃないですか。

小松崎　たまねぎによっても全然違うし。アチャール(注16)なんてつくっていたって、産地は一緒だってつくり方によっては仕上がりが全然違うわけでしょう。

――食材のコンディションがある。その時に、例えば火を入れている時っていうのは、細かくゴールが設定されていて、まずここまでやる、この感じっていうような。でも、「この感じ」になる途中でちょっと横道にそれたりとかするわけじゃないですか。その時に、自分なりの経験値でリカバーする方法があって、それを無意識にやっているわけですよね。そうすると、5分後にたどりついた結果を見せても、実は3分半ぐらいの時に自分にしか分からないリカバーをやってる。多分そういうことのとても細かい積み重ねや集大成が、腕のいいインド人シェフとかの実力の差というか。そこは彼らに聞いても出てこないというか。体に染みついているものなわけでしょう。

小松崎　**あれっ！　と思った時には体が動いてるから。**だから、「あ、こうなっちゃった。一体どうしようかな」じゃなくて、多分頭の前に体が反応しちゃってるから。

――　腕のいいインド人のシェフは、鍋中の温度のコントロールが本当に上手だから、水を結構うまく使うというか。「エッ、そんなところで水入れていいの？」みたいな時に水を入れたりとかするんですよ。そこは常に自分の中の、鍋中の温度と食材の状態が頭に入っていて、それを操っている感じです。

小松崎　やっぱり変わらないところまで完成しちゃったものを、いかにキープするかっていうところでやってるシェフはすごい。

――　そうですよね。だから、伝統芸能に近いわけでしょう。

小松崎　芸人だから。古典落語じゃないけど、例えば一つの噺(はなし)があったら、その噺の自分にとって最高のクオリティーでできた高座の、あの時のあの噺のあれを今日もできたらいいなと思って高座に向かっているか、鍋に向かっているか、っていう違いだけ。やっぱり若いころっていうのはどこかで、修業してこうやって小さな店を開けても、自分のチキンカレーっていうのはもっと変わるんじゃないかとか、おいしくなるんじゃないかとかってそう思ってるうちは、彼らと同じレベルにはいけない。

――古典落語を最後まで話しきってオチが付いて、高座を降りて、お客さんは拍手みたいなところまでで、トータルでどういう印象を残せるかですね。だって、毎回同じ噺をするわけですからね。

小松崎　僕の場合は自分のおふくろがつくってくれたカレーライスの味が常にどこかにあって、その味を基準にしながら、インド人から学んだインド料理のテクニックでカレーをつくっているというところがどうしてもあるんで。なんかもうちょっとおいしくなるんじゃないかっていう気持ちだけは多分一生抜けないと思うから。だから、やっぱり真打ちにはなれなくて。

――調理過程で決定的なミスをして、「もう今日はやめだ」と言って途中で高座を降りるとか、「もうこれ捨てる」みたいな時はないですか?

小松崎　決定的なミスだったら素直にあきらめます。

――おいしいカレーを出し続けるっていうことに関しては、人によってスタンスが違う。古今亭志ん生と桂文楽の芸風が全く違うように。

小松崎　そうですね。文楽は時間まできっちり一緒で。最後だって絶句しちゃってやめるっていう人だから。

――確かお侍さんの名前を忘れたんですよね。「もう一度、勉強し直してまいります」と言って、二度と高座に上がらなかった。要するに引退を決めたわけじゃないですか。志ん生が全く同じ噺をやって、同じところで名前を忘れたんですよ。そうしたら志ん生は、「えー、なんだっけな。忘れちゃったけどなんかお侍さんの名前」とか言って爆笑を取って、何事もなかったかのように続けたんです。僕はそのエピソードを読んだ時に、カレーづくりに対する考え方と同じだなと思って。たまねぎなんかちょっとでも焦がしたら駄目だとかって言う人がやっぱりいる。だけど僕の感覚からして、この焦げを許せるか許せないかっていうのは芸風の違いというか。要するに、これぐらい焦げたってこの後リカバーできるよっていう、その**リカバーの方法をその人なりに持っている人は、結果的にはちゃんとおいしいカレーに仕上げる**んですよ。

小松崎　当時「アジャンタ」の池袋西武店でパドゥっていうシェフがつくってたマトンカレーがあって、それが本店と全く違うのね。たまねぎを焦げてるんじゃないかっていうぐらい焦がすわけ。でもフレンチとかイタリアンとか専門分野のシェフたちがパドゥのマトンカレーのファンだったんです。

――そこがやっぱり名人芸なんですよ。

小松崎　すごいよね。嘘でしょ、っていうくらい。例えばマニにしたって、人が見てると、スパイスの配合、種類、作業の手順を平気で変えちゃったりする。

――僕の知ってるインド人シェフは、ホールスパイス、ジンジャー&ガーリック、オニオンという順番があるとして、これをABCだとすると、「僕はABCでもBCAでもCABでも仕上がりのカレーは同じ味にできる」って言ったんです。それを聞いて僕は衝撃を受けました。そんなはずはない、とこっちは思ってるわけですよ。だって、加熱の具合があって順番が決まっているわけだから。それをひっくり返して同じ味ができるっていうことがまずおかしいだろうと。

小松崎 同じカレーをつくっていても、おいしさの着地点がいくつもあるんだと思う。

――順番をひっくり返しても適正の熱を入れられるテクニックを持っている。

小松崎 食べてみて「何これ、うまい」っていうんじゃなくて、いつの間にか食べ終わっちゃってるような料理をつくれるシェフなんじゃないかな。

――落語でいうと、ドッカンドッカン笑わせるというよりも、全部聞いて「いやー、しみじみ良かったね」という。

小松崎 「いつ聞いてもいいね」みたいなね。

――想像を超えた味に着地する快感――

――「サールナート」のバタークリームカレーはすごいですよね。バターチキンカレーって、僕の感覚からするとうまいの当たり前じゃん、と。でも、ここのは僕の中でちょっとやっぱり別物なんですよね。小松崎さんが「シタール」にいた時代に一緒に働いていたデュワンさんのレシピがベースですよね。

小松崎　バターチキンのつくり方っていうのは、今あちこちでいろいろなものが出ているけれど、生のチキンを使うか、焼いたチキンティッカ[注17]を使うかの差があるでしょう。やっぱりチキンティッカの周りについてるソースから、コーティングされてるカシューナッツが溶け出すからコクが出る。それも生のカシューナッツか一回フライしたものかでも違う。油でカシューナッツを香ばしく揚げてペーストにして、そこにスパイスを加えてマリネして焼いたチキンティッカだから、カシューナッツのコクが何層にも増していく。タンドールで焼けばチキンの脂が落ちて、煙が立ち上って燻製（くんせい）の風味がさらに加わる。

――そこまでにもう普通のバターチキンがひっくり返っても追いつかないくらいの差が生まれているわけじゃないですか。

小松崎　そう。ピューレもトマトをグリーンチリとしょうがと一緒にミキサーにかけて、バターで煮詰めるんだけど、それだけで3〜4時間かけている。だからつくるのに2日間かかるんですよ。でも、簡単につくろうと思ったら、下手したら10分でできますよね。見た目は一緒かもしれないけれど、味は全然違う。

――僕からすれば、もうバターチキンを食べてバターと生クリームのおいしさなんかにだまされないぞ、という自信があるんです。だけど、ここのバタークリームが別物だなと思うのは、手間が違うんですね。

小松崎　でも、普通のお客さんは二つ並べて食べ比べしてみないと分からない。単体で食べたら多分、違いは分からないと思いますよ。

――初めて「モティ」(注18)でバターチキンを食べた時に、チーズみたいな風味を感じて、あれが不思議でしかたなかったんです。だって使っている材料はもう分かっているわけじゃないですか。絶対にチーズは使っていないんだもん。「モティ」のバターチキンをつくったのは、その後「シタール」で働くデュワンさんですからね。多分今思えば、デュアンさんの流れをくむバターチキンは、香ばしい香りをつけるプロセスが細かくいろいろ入っているから、ちょっとチーズっぽく感じる。それはマジックを見せられているような感覚でした。

小松崎　予想と違う味がしちゃうっていうのは、すごいことですよね。**タンドーリチキンだって絶妙につくれると、から揚げということはないけど、醤油の味がしたりするわけですよ。**

――想像を超えた味になっているというか。

小松崎　バターチキンをつくっている過程で鍋の内側にこびりついているのをこそげ落としてなめると、チーズの味がする時がある。なぜか発酵したもののうまみを感じる。

――バターチキンがバターチキンの味をしているようじゃ、料理としてはまだまだだということですね。

小松崎　またそういうこと言って(笑)。パドゥの焦がしじゃないけど。**自分の想像を超えたところに着地しちゃった瞬間っていうのはつくり手としては快感だよね。**

――「モティ」は全盛期、焼き物の数が半端じゃないからナンがとてもうまかったらしいです。肉の脂が落ちて煙が上がってナンがスモークされる。肉を焼いている量でナンの味が変わるんです。当然、当時のバターチキンは、そのスモークされたチキンでつくるわけだから、今よりも数段おいしかったんでしょうね。

――グレービーにシェフの個性が宿る――

――ところで、インド料理におけるグレービー(注19)についても伺いたいのですが、グレービーというのはそのレストランの基礎となる味なわけでしょう？　ソースをリッチにするための手法ですか？　それとも注文を効率的に回すためのツールですか？

小松崎　どちらもありますね。ベースというか。やっぱりアラカルトが入った時に、それをつくっておくと料理のバリエーションが一気に広がるし。

――「タージ」[注20]のグレービーもご存知と伺いましたが、それはどんなスタイルでした?

小松崎　たまねぎとトマトをボイルしちゃって、それをミキサーにかける。鍋に油を入れて、ホールスパイスを入れて、ジンジャー、ガーリックを入れて、そこにたまねぎとトマトのボイルを流し込んで8時間煮る。それを1週間に1回、角ポットに大体3本ぐらいつくる。

――そのグレービーは、何種類もあるわけでしょう?

小松崎　だから、**つくる人や店によってすべて違う。**タンデさんのは、たまねぎとトマトを普通に炒めて、それをミートチョッパーに入れてグニーン、ボヨーンと出てきたのを、油、ホールスパイス、ジンジャー&ガーリックと一緒に炒め、ガンガン煮詰める。

――でも、それってダブルでオニオンを炒めてるから、よりうまみが強くなる。

小松崎　そうそう。しかも一日中煮詰めてる。

――フセインさんのグレービーはまた別ですね。

小松崎　アーモンドとカシューナッツのでしょう?

――生のアーモンド、ピスタチオ、ピーナツ、カシューナッツ、ポピーシード、ひよこ豆の水煮を全部ミキサーでペーストにして、フライドオニオンと一緒にペーストにする。

小松崎　だから、ボイルするか、炒めるか、フライにするか……この三つで、たまねぎのうまみが出やすいのは、やっぱりじっくり炒めるということなんだろうけど。それを手っ取り早くやっちゃおうと思ったら、薄くスライスして油で揚げちゃって、それをカシューナッツとかヨーグルトと一緒にミキサーにかけてという場合もあるだろうし。ボイルの場合はじっくりコトコトコトコト煮詰めるということでたまねぎのうまみを引っ張り出す。そこの違いだけだと思うんだよね。

――デュワンさんのグレービーはどういう手法だったんですか？

小松崎　油で揚げる。カシューナッツとヨーグルトと一緒に。それでペーストにしちゃって、そこにスパイスを入れて。

――インド料理におけるグレービーという概念は、やっぱり北インド特有のものですか？

小松崎　そうですね。本当にメニューがいっぺんに広がるから。例えばグレービーが一つあって組み合わせるものを変えればまた新しいカレーができちゃう。

――グレービーというのは、ひと手間でポッとうまみをつくれるベース。これはスパイスで言うとガラムマサラがそうなわけでしょう？　グレービーを入れたら全部画一的な味になっちゃう。ガラムマサラも加えたら全部その香りになっちゃう。そういう懸念はありませんか？

小松崎　グレービーにたよっていいカレーと使ってはいけないカレーは絶対にあるから。ガラムマサラだって全部にかければいいというわけではないし、その見極めが大事だと思う。

――グレービーとかガラムマサラみたいなお助けツール的なものって他にもあるんですか？　例えば僕、オールドデリーの「モーティマハル」ってタンドールの発祥の地って言われているレストランを取材した時は、トマトを中心とした野菜のスープをつくっていました。

小松崎　確かにインド料理でブイヨンを取っている店はある。うちなんかでも、タンドーリチキンをつくる時に出たガラっていうか、手羽とかあるでしょう。あれでスープ取ってチキンカレーにはそのスープを使うけど、それ以外は使わない。

——「アジャンタ」のマトンカレーは、ホールスパイスを煎じてというか、フライパンでいって、水と一緒にミキサーでペーストしてこしたエキスを入れているらしいですね。

小松崎　うちもそうしてる。

——「新宿中村屋」も似たようなことをやってるんですよ。彼らは煎じマサラと言っています。香りを加える方法一つ取っても本当にいろいろですよね。唐突ですが、スパイスを5種類しか使えないとしたら何を選びますか？

小松崎　パウダーでしょう？　**チリ、ターメリック、コリアンダー**ってきちゃうじゃない。

——フセインさんと全く同じ答えですね。「カレーをつくるならチリ、ターメリック、コリアンダー。他のスパイスはなくてもオッケー」と言っていました。

小松崎　そこから先が、例えばインド人シェフだったら絶対人に伝えたくない大切な部分だと思うんですよ。

——ああ、なるほど。それが例えばタンデさんの言うビッグカルダモンだったりするわけですね。

次もフセインさんに聞いた質問。優れたインド料理シェフになるために最も大切な要素は何ですか？5択です。知識、経験、技術、情熱、センス。

小松崎　ここから一つ選ぶのは無理！　あとはきれいごとになりそうだけど、やっぱり自分が自分のつくったカレーの一番のファンでいられるかどうかじゃないですか。それが一番大事なことなんだと思うよ。

――では最後の質問。おいしいインド料理をつくるために最も大切な技術は何ですか？　スパイスのバランス、火力のコントロール、タイミング、素材のチョイス、完成形のイメージ。

小松崎　**タイミングと完成形のイメージ。その二つの組み合わせだと思う。**タイミングだけだと駄目。やっぱり完成したイメージっていうのは絶対しっかり持ってないと。それができるということは、やっぱりセンスがあるっていうことだから。

――面白いのが、フセインさんの答えは「スパイスのバランス」なんですよ。

小松崎　ね、インド人ってそうなっちゃうんですよ。

――だから、彼らが重視しているのはやっぱりここなんですね。

小松崎　日本人は絶対そこじゃないもんね。

――「スパイスのことが分からないとおいしい料理ができない」って言ってました。

小松崎　「そんなことないよ」って言ったらフセインにぶっ飛ばされそうだよ(笑)。

――顔が目に浮かびますね。小松崎さんのカレーが名人芸にたどりつくのを楽しみにしています。

ありがとうございました。

インタビューを終えて

Interview with Yuichi Komatsuzaki

インド人が隠したがるのはスパイスの配合で、日本人が重視するのはだしのうまみ。おいしさをどこに求めるかが違う。この平行線は、カレーにおいて永遠に解決しないテーマである。

カレーの仕上がりをつかさどるグレービーのつくり方について、さまざまなパターンが聞けたのは収穫だった。グレービーとは、簡単にいえば、油とたまねぎを使ってつくられる便利な道具である。カレーに濃厚なうまみを生み出す素（もと）となる。そこにスパイスが介在するとは限らない。それでもシェフや料理によってグレービーが違うのは、それが彼らの重視するスパイスの香りを引き立てるものであるからだろう。

小松崎さんのつくる絶品バタークリームの秘密も興味深かった。焼けたナッツと乳製品が煮詰まっていくことで生まれるチーズのような不思議な風味についても伺えた。でもレシピを聞くことにあまり大きな意味はない。つくり始めの鍋中がすでにおいしそうだ、というシェフのレベルに少しでも近づくためには、ここから何を導き出せるかが肝心だ。

奥義

04

レストラン吾妻

竹山正昭

たけやま・まさあき
1943年東京都生まれ。1913年市ヶ谷に創業した洋食・台町食堂（戦後現在地に移転、現・「レストラン吾妻」）3代目。65年東京羽田エアターミナルホテルに入社。68年よりレストラン吾妻で腕を振るう。70年に先代の後を継ぎ、現在に至る。

Interview with Masaaki Takeyama

「カレー粉を焼いて生まれる切れ味とは？」

もし「レストラン吾妻」に足を運んでいなかったら、僕はカレーのことをそれなりに分かったような気持ちになっていたかもしれない。かつて取材で訪れた時に竹山さんが何気なく発したひと言は、僕の探求心に火をつけた。「たまねぎ炒めなんて、手抜きのシェフがやることですよ」。確かにあの時、竹山さんはそう言った。

たまねぎをじっくり炒めるという行為は、これまで長い間、カレー界の常識であり続けてきた。それを軽い調子で一刀両断。ショックも尋常ではなかったし、たまねぎ炒めにある程度執着し続けてきた僕の心中は穏やかではなかった。これは大変なことが起こったと動揺したのである。

竹山さんがカレーをつくる時に大切にしている行為は、カレー粉と小麦粉をオーブンで長時間かけて焼くことだ。そうすることでしか生まれない味があるのだという。たまねぎを炒めないでつくる「レストラン吾妻」のカレーに抜群の切れ味があって、しみじみとうまい。それを考慮すれば、納得するしかない。そして、僕は深い思案の森をさまよい歩くことになる。

たまねぎを炒めることの意味について、少なくとも過去のように妄信せず、いくつかの具体的な疑問を持つようになった僕は、より深くカレーとは何かを追求する準備ができているはずだ。素直な気持ちで竹山さんの話に耳を傾けてみたい。

温度の変化は音で分かる

——竹山さんから聞いたことで一番印象に残っているのは、とにかく「**たまねぎを炒めるのは手抜きだ**」という言葉。オーブンで長時間焼くべきだ、と。そこですよ。

竹山　ルーを焼く仕事のほうですね。そこが洋食黎明期からのスタイルというか、どなたがどういうふうにそうしたんだかね。

——昔の洋食屋さんというのはルーを焼いていたはずなんだけれども、今は本当にやっているところが少ない。

竹山　最初のうちはイギリスの話から想像してカレーをつくったと思うんだけれど、日本では何しろご飯が違うわけですよ。日本のお米で日本の炊き方の、あの餅っぽい甘い味と香りのあるご飯の味に負けちゃうはずです。そうすると、シェフたちはご飯に勝つおいしさのカレーを、今でいえばパンチのある味にしなくちゃいけなかったはずです。

——それは、ソースの重みですか？

竹山　重みや奥行きです。だから、**今の日本のカレーのルーは日本人が進化させたん**です。

——バターで小麦粉、カレー粉を焼いていくわけですよね。

竹山　バターを溶く。それも、「カレー粉は沸いたバターの中に入れろ」と言う人もいれば、「熱いところに入れちゃいけない」と言う人もいて、僕らの若いころはもうそういうところでも流派が違うんです。

——カレー粉と小麦粉の順序はどうですか？

竹山　絶対カレー粉が先だよ。最初にブレンドしてしまうから。**うちでは最初、沸いたバターの中にカレー粉を入れちゃう。それで、混ざったら小麦粉を練りながら入れていって、それからオーブンに入れる。**それからジンジャーとガーリックをすりおろして加えていく。加熱する時には温度が大切になる。ここに若い子たちのためにつくった表があるんだけど……。温度の変化はこういうものだよと。おおよそですよ。計ったことはないんだから。ジンジャー、ガーリックが加わっていくと温度が下がるわけ。火力の調節と温度の変化を時系列に図式化している。これで感覚をつかませるわけ。それで、ここで野菜が入ると温度が下がるから、また火力を上げろ、と。その後だんだん下げていくんです。そうしないと真っ黒けになって焦げてしまう。最初はうんと火力を一番強く上げるだけ上げておいたオーブンの中に放り込みますから。なぜかというと、ルーに地熱を持たせるため。それに30分ぐらいかかる。5分おきにオーブンを開ける。そうすると表面の煮え方が見えるでしょう。それで手早く木べらでかき回していくんです。特に鍋底。角が一番焦げやすいんだよ。なるべく温度を落とさないように早くやる。1分以内で。カッカッカッ、ザッザッザッとやって。そのうち火入れが進んできますと、次にオーブンを開けるまでの時間が7分になっても大丈夫という火加減になってきます。僕はよく、**「これは刀の焼き入れと一緒だよ」**って教えてる。

――まさにその焼き入れによって仕事に差が出る。

竹山 できる人とできない人がいる。温度も決まっていないし、時間経過だっておおよそのものですから。何しろこういう温度がどんどん上がったところで入れるけど、ルーを焼いて、かき混ぜるから。

――途中の段階、例えばバターの油がにじみ出てくるとか、何か目安があるわけですね。

竹山 あります。それは大体3時間ぐらいした時に、バターが汗をかくんです。ルーが汗をかく。ワーッと油が沸き出てくる。それがおよそ3時間で起きないということは、それまでが弱気すぎるということ。だから、火入れは強気でいかなきゃ駄目。だけど、最後に焦がしちゃったら香りも何もぶっ飛んじゃう。

――そこなんですね。これが難しいんですよね。強気なのに焦がすなという。それができたかどうかが3時間後に分かるわけですね。

竹山 はい。3時間半くらいすると答えが出ます。料理人は時間も温度も道具を使って計らないからね。カレーのルーを焼く時は、オーブンを開けて、手を入れて1、2、3、4、5、6、7、8、ひらいた手の甲がアチッとなったら適温。ホワイトルーの時は10、11、12。昔はそうやって温度を見た。今みたいに温度計はないんだもん。手で触って確認することもある。あと、油の色のツヤ、沸く泡の大きさ、音。それらを感知する能力がないと、いつ入れるか、いつ止めるか。温度を上げるか下げるか判断できない。

――そうか。確かに時間はストップウオッチで計れる……。でも、それはいわゆるレシピですもんね。弱火で何分、というのは。

竹山 そうです。腕のない料理人に教える時はそれしかない。でも、技術力がついてきた人にはそんな必要はない。どういうところまで持っていきたいかによって時間は変わるんでね。昔、私が揚げ物をしていると、背中を向けて肉を切ったりしている親父が、「強い」とか「弱い」とかって言うんだよ。揚げ油の温度を。こちらは修業の身だとしても、見ないで言われるのは悔しいんです。「チキショウ、親父の野郎、俺のこと甘く見てるな」と。でも、自分ができるようになると分かる。

――それは音が分かるということですね。

竹山 音の変化で温度は5℃刻みで分かりますよ。

―たまねぎは最後に炒める―

――最近、いいカレーのレシピって何なんだろうということを真面目に考えたんです。理想形は、今向き合っている鍋中を、もっと言えば、鍋中に入っている素材の状態をどうしたいのか、どうすればいいのかを教えてくれるレシピが優れていると思ったんです。例えば、「弱火で1時間炒めてください」というのは、レベルの低いトリセツでしかない。その作業自体が目的になっちゃうじゃないですか。たまねぎは長時間かけて飴色にすればいいんだな、と。本当の目的はたまねぎの甘みとか香味を引き出すことなんです。それを教えてくれるレシピはあまりない。

竹山　時間の問題じゃないんだよね。たまねぎは種類やブランド、大きさによって状態が違いますし。

―― 今やっていることが何なのか、目の前で起こっていることは何なのかを知りたいんです。

竹山　そう。テレビの料理番組が始まったころに「小さじ何分の1、何を何cc」というのを、うちの親父は「分量だけではつくれない。どこで入れるかを言わない。これじゃ料理とは言えないんだぞ」とよく言ってた。**料理をしている人はみんな鍋の中を観察してタイミングを考えてます。**

―― 「バターを中火にかけて2分でカレー粉を入れてください」じゃなく、「バターがフツフツと沸いたら」と言ってほしい。そして、なぜそのタイミングなのかを教えてほしい。

竹山　そう。で、ここまで混ざったら今度は粉を入れろと。それも4回に分けろ、3回に分けて入れろと。それで、練ってまとまって、そんな徹底的に混ぜなくていいから、高温にしたオーブンに何しろ入れろと。そういう言葉をワンポイントもらって始めるのと、分からないで始めるのでは、もうスタートから違うんですよ。昔のシェフたちは、ご飯に負けない奥行き、重みのあるカレーをつくるために、一生懸命考えたと思うんです。バターは高かったと思うんですよ。今みたいに安くないはずです。お金がかかる、手間がかかる仕事を、別の方法で同じ効果を出そうとした典型がたまねぎ炒め。

僕はそう受け止めてる。

――ただ、たまねぎを炒めるという方法とルーを焼いていくという方法は別物じゃないですか。

竹山　別物なんです。でもこの代用によって、決してこれに劣らないところまでいけるぞということを見つけ出したシェフがいたんだと思う。僕は若い時から居合いをやっているんですけど、初段の時は「俺はうまい」と思ってるんですけど、3段になると「初段なんか屁みたいなものだな」と。5段になれば「4段なんていうのはしょぼいもんだな。こういうところがまだ分からないんだ」と思うわけ。それは、下から上を見ても分からないけど、上から見たら見えるんですよ。料理だって何でも同じだと思うんです。

――でも「とにかくたまねぎは飴色に炒めればいいですよ」というところから教わっている人は、それしか知らないわけですよね。

竹山　そうなんです。やっぱり高級というか、お値段をいただけるお店というのは、手抜きをしちゃいけない。お客様はいいものを見ている人たちだから、見抜いてしまう。当時この辺は600円、700円でカレーライスをやっていたんですよ。うちの親父はその時から1500円ぐらいもらってカレーライスを売っていた。この店ができた時に、近所の人は、「おい、カレーライス1500円だって。半年でつぶれるよ」。でも、行列ができてすごいのでビックリしたって。

――今はたまねぎ炒めすらめんどくさいという人がいますから。

竹山　ルーやでき上がったソースを売っている。だから、手間をかけて料理するのがバカみたいなことなの。あれで楽にできるんだもん。僕のところにホテル時代の友達が遊びに来ると、「うまいけど、おまえこんなにカレーに手間かけてもうからないだろう」と言われる。「シチューはそんないい肉使わなくても」とかも。でも僕は親父から叩き込まれているから。**「素材が悪くちゃどんなに腕が良くたってうまいものはできないぞ」**というのを。

――イギリスから渡ってきたというカレーは、ルーを徹底的に焼くなんてしてないですよ。

竹山　してないでしょう。そうでしょう。カレー粉の入ったスープみたいなものなんですよ。

――ここのカレーは、ソースの切れ味がすごい。キレの良さがあって、なおかつ深い味わいというのは、これはどこから生まれるんでしょうか。

竹山　野菜をたっぷり使ったりしてね。チキンカレーなんてマンゴーのペーストを入れたりしている。具として大きく切ったたまねぎは注文を受けてから鶏肉と一緒に炒めて、塩、こしょう、カレー粉をまぶして、ケチャップの酸味をちょっと加えて、マンゴーチャツネをちょっと入れて甘みを足します。程よい甘み。辛くて甘い。

――いわゆるくし形切りというんですか、あれで炒めたたまねぎはおいしいですよね。

竹山　みじん切りやスライスじゃ姿がないですから。全部ブレンドになっちゃってますからね。だから、うちはカレーもハヤシもそうだけど、たまねぎより肉の調理が先ですから。そうしないとたまねぎを具としては味わえない。ソースをつくっているでしょう。できたカレーソースをゆっくり焦がさないように温める。その時に同時進行するのはたまねぎの炒め。

――それは具としてのたまねぎですよね。

竹山 そう。肉は最初に炒めて、塩、こしょう、カレー粉、ケチャップを入れて、カレーソースを加えて煮込みます。肉のおいしさをソースの中に出したいから5分くらい肉は煮てしまう。それで、その様子を見て、**たまねぎを炒めて入れる。あんまりトロトロにならない程度でやめて、加えたら5分以内に仕上げる。そうしないと、たまねぎのおいしさがなくなっちゃう。**

――面白いなと思うのは、一般的に世の中のカレーはたまねぎを一番最初に炒めるんです。でもこの特製チキンカレーではたまねぎ炒めが一番最後なわけじゃないですか。

竹山 たまねぎの切り方と炒め方はすごい大事。これが日本人が好きな味だったんでしょう。

―カレールーの足を切る―

――スープを使っていますよね。そのスープはいわゆるブイヨンですか?

竹山 ブイヨンも、一番ブイヨンというのは、みんなコンソメスープになります。あとは他のスープを使う料理に使います。あと、一番を取った具材で、二番のスープを取れるんです。その二番のスープをうちでは料理の「のばしスープ」に使ってる。調理過程の〝のばし〟にお湯を使ったら、一気にうまみが薄まっちゃう。その辺りは温泉と同じですよ。温泉というのはお湯をちょっと入れたらすごい勢いで劣化するんです。料理も、湯を入れたら最悪。また、水分を入れる場合、冷たいものよりも温かいものを入れたほうがいい。落ちた温度が戻るまでの時間が味にすごい影響を与えるわけですね。火力の強い熱源を使うのは、落ちた温度を早く取り返したいからです。上がってしまえば弱火にします。その調整のために火力ってあるんです。

――そうですよね。上手な人ほど触らないと言いますもんね。じゃあ、カレーは一番のブイヨンを使っているんですか？

竹山 そうです。最初にオーブンで焼いたルーとブイヨンを合わせて、火にかけていって、濃度を調整してからフルーツを加える。もう傷んで売れないような、色が黒くなってきたようなバナナを果物屋さんに頼んで取っておいてもらう。それを手でつぶす。りんごとにんじんはすりおろす。もう今はミキサーですよ。で、それもいっぺんに足さない。火にかけながら、やっぱり3回か4回に分けて入れないと、温度が下がりすぎちゃうから。

――フルーツは生のまま加えますか？

竹山 生のままです。にんじんもりんごも水分がいっぱいありますから、水分が飛ぶまで煮て、やわらかな甘みをプラスして、カレーソースを加える前の濃度に戻っているわけ。それで、自分の目で見て、滑らかになり、野菜のギスギスが、正体がなくなるまで煮て、一晩冷却して寝かせます。

――フルーツや野菜のギスギスを一度こしたりはしないんですか？

竹山　こしたら品のいいカレーにはなる。でも奥行きが足りない。

――結局こして、エキスを完全に抽出できればいいけど、できませんもんね。

竹山　ポタージュのこしたあとのコーンなんかうまいよ。あと、デミソースをこした、シノワの中に残ったのなんか、スプーンで食べたら「これ捨てるのもったいないな」と思うぐらい。

――そうですよね。そのエキスをソースの中に溶かし込んで仕上げているのがカレーだということですよね。

竹山　**ルーをしっかりつくり上げていると、でき上がったカレーソースをレードルですくい上げた時にこういうツーッと糸を引かない。**つまり、ルーの足が切れているという状態にちゃんとしないと、ポトポトではなくてツーッが入っちゃう。そうすると、カレーとご飯を口に入れた時、舌の上でヌルッとする。そのヌルッは駄目なんです。濃度じゃなくて**粉のベタベタ。焼きが足りないからヌルヌルが残る。**それも大きなテクニックなんです。

――そうですよね。それがさっき言った、3時間半たった時に分かる。

竹山　そうです。もうちょいかけるかやめるかという、その辺を見極める。

――料理はとにかく効率的にやれる方法が重宝されますが、効率的にできないこともあるということとですよね。あと、ここのカレーを仕上げていくうえで、一般的に世間でいわゆる隠し味みたいに言われているようなものはどんなのものですか?

竹山 ほとんど使ってませんよ。

―― 一般的な欧風カレーというと、醤油とかソースとか、ウナギのたれとか……。

竹山 それは好みであると思いますよ。コーヒーを入れるというところがあるじゃないですか。チョコレートとかね。僕は信じられないんだけど、それがどういうふうに変わるのかなって。まだやってみたことも何もないんだけど。焼いたルーとスープ、にんじん、たまねぎ、りんごですね。そのくらいですよ。特殊なものは何もない。

―― 箱根の富士屋ホテルを取材させてもらったことがあって、カレーつくるところを全部見せてもらいました。その時も同じことを思ったんですけど、余計な隠し味みたいなのを入れてないんですよ。本当に当たり前のものしか入ってない。チャツネはもちろん入りますけど。もしかしたら、素材はシンプルでも手間をかけて時間をかけておいしくするというスタンスだったカレーが、だんだん手間や時間をかけたくないから、隠し味で代用するようになったんじゃないかと思うんです。

竹山 近いものをつくったんでしょうね。

―― そうそう。だから、これを入れると近くなる、これを入れると時間が半分になるとか、そういうので隠し味というのがどんどん膨らんだんでしょうね。

竹山　隠し味にたよるよりもお客さんに出す前にお皿を温めてふたにもお湯をかけます。これは、僕の親父がよく、モタモタ料理してる料理人にこう言ったんだ。「早く入れろ。早くお客様にお出ししろ」。「**まずいラーメンも熱けりゃ食えるんだぞ**」。ほんとですよ。まずいラーメンだって、丼熱くして、スープ熱くして、麺のゆでたてをパンと入れて出したらうまいんですよ。だから、料理の写真を見ると「うまそうだな」って思うものは、熱が写ってるじゃないですか。何しろ親父がいいカレーをつくっておいてくれたから、つくり方は昔のままです。料理をやっていて自分が感じたことというのは、**一つの料理には五線譜みたいなものがあって、カレーの曲がスタートするんだと思うんです。１小節進むごとにここで塩して、こしょうして、火が通ってきたらシェリーを加えろ、カレー粉をまぶせ、ケチャップを加えろと。で、この時間はあんまり変えちゃいけないんだ。**

――トータルの時間をということですか。

竹山　そう、トータルの時間。グラタンならグラタン、カレーならカレーという曲目ごとに時間とそこに並んでいる音符が違うんだと思うんです。忙しいからって途中ではしょったらいいものなんか絶対できない。１曲は１曲。その流れを大事にしなきゃいけない。所要時間はメニューによって違うじゃないですか。カウンターにいらっしゃるお客さんから１、２、３、４、５、６品も注文が来るわけですよ。そうすると、曲の長さによって各メニューの調理スタートを調整しなきゃいけない。どこで何をするか、その譜面の強弱、つまり火の強さ、弱さはこの中にある。その１曲は変えちゃいけないんだと思うんです。

――そこの構成を自分で組み立てなきゃいけない。最後に聞きたいんですが、このカレーをつくるうえで最も大事な小節はどこですか？

竹山　ルーです。ルーの焼き。どこで火を落とすか。どのリズムで落としていって、焼き損なわないように焼いて、最後に真っ黒にしないように。要するに、バターが入っているでしょう。バターは焦がすわけにはいかない。だからって、ルーは焼かなきゃおいしくないんですよ。香ばしさが出ない。焼けないと粉の足が切れないでしょう。

――バターを焼かずにルーを焼かなきゃいけない。

竹山　**カレーはルーの焼き加減が命。あとはスープに5時間、6時間かけるのは当たり前で。**ただ、スープの場合は、いい材料を使って量を増やせばいいのが取れますが、ルーはどうにもなりません。だから僕が、「たまねぎ炒めなんか手抜きだよ」って最初に言ったのはそういう意味なんですよ。

――あれは僕は本当に忘れられない言葉でした。

竹山　すいません(笑)。

――ありがとうございました。

インタビューを終えて

Interview with Masaaki Takeyama

カレーはルーの焼き加減が命。カレー粉の火入れは刀の焼き入れと一緒だから、焼くことによってソースにキレが出る。だからオーブンに出し入れしながら4時間近くかけてじっくり焼かなければならない。スープを取るのに5時間、6時間をかけるのは当たり前のことだ。

竹山さんの発言には、手間をかけて丁寧にカレーをつくることへの思いが詰まっていた。他にも印象に残る言葉がある。素材が悪ければどんなに腕が良くてもうまいものはできない。まずいラーメンでもアツアツなら食える。だから、カレーのお皿や器は温めておく。鍋中を観察してタイミングをはかることが大事。カレーをつくる時にはカレーのリズムがある。その時間の流れを変えてはいけない。要するに時短や手抜きは禁物だというわけだ。

老舗の洋食店に脈々と受け継がれているテクニックやプライドを見たくて、僕は「レストラン吾妻」に足を運ぶ。香味が際立って抜群に切れ味のいいカレーソースに炒めたてのたまねぎが加わった時、とことん手間をかけたカレーが目の前に現れるのだ。

奥義

05

共栄堂

宮川泰久

みやがわ・たいきゅう
1951年横浜市生まれ。東京都内のレストランで修業の後、86年に共栄堂に入社。以来1924年創業の共栄堂3代目主人として、伝統の味を守りさらに発展させている。

Interview with Taikyu Miyagawa

「変わらぬおいしさを維持する挑戦とは?」

いつも快活で笑顔を絶やさない宮川さんとは、お店に行くたびに挨拶をし、言葉を交わすものの、せわしない店内でカレーのテクニック論を繰り広げようだなんて気持ちが湧いたことは一度もなかった。でもずっと話したいと思っていた。ついにその時がやってきたのである。

あのほんのりビターな香りの奥に感じる深みは、どこから生まれているのだろうか。いつも変わらずおいしい味を提供し続けるためには、どんなトライアルが繰り返されているのだろうか。あの笑顔の裏側に血のにじむような努力が隠されていたりして。後を引く味に結びつく香り以外の要素にも迫ってみたい。

後を引く味、というのがある。それはカレーにおいて特に際立って感じる特徴だ。ビーフカレーもビーフシチューもうまいけど、ビーフカレーのほうが後を引くように感じる。主にスパイスからくる香りがそうさせているんじゃないだろうか。カレーにあって他の料理にないのがスパイスだから。

神保町の「共栄堂」には、学生時代に何度も何度も足を運んだ。大学を卒業してもう20年がたつが、いまだに無性に食べたくなる味である。図らずもカレーの世界に身を置き、スパイスの香りに巻き込まれて生きることになった今の僕が、香りに飢えているとは言い難い。それなのに「共栄堂」が今でも特別な存在なのには、何かワケがあるはずだ。

ー 変わらないけど変えている ー

――「共栄堂」のカレーは、すべてが他と違うんです。味の特徴で言うと、圧倒的に違うのは深みとほんのり苦い大人な感じというか。

宮川 ちょっとビターなね。別に悪いもの入れてないけどね(笑)。でも、お客さんによってうちのカレーが駄目な人は駄目。

――ただ、不思議なんですよ。ここのカレーは癖になる人が続出してるじゃないですか。で、僕はとにかくいろんな人を連れてきているけれど、過去に1人だけ絶対駄目だっていう人がいた。「もう二度と行きたくない」って。

宮川 いらっしゃる、いらっしゃる。

――要するにその人が言っていたのは、「何を食べてるか分からない」というんですね。「えっ、これってカレーなの？」と。だから、その辺は多分極端なんですよね。僕は今のところ1人だけですね。今でも顔が浮かぶぐらい覚えてる。

宮川 こればっかりは食に関しての舌先、舌触り、食感、それはすべて人によって違うから。お客さんでも「なんだ、こんなまずいもの出しやがって」って言われても、「いやー、旦那さん、すいません。うちのはこうなんで」って謝るしかない。「申し訳ない」で。

――でも、もともとのスマトラカレー（共栄堂）というのは、もうこれ創業してから90年以上たつわけでしょう？

宮川　そうですね。92年ぐらいですね。

――間もなく100年を迎える店って、東京都内でもほとんどないですよね。カレー専門店で。カレー専門店だったらもしかして一番古いかもしれないぐらいですよね。

宮川　いやいや。ただ試行錯誤してやってるだけで。だから、僕なんか3代目ですけど、**パーフェクトな100％のカレーっていうのは分からない。何が100点なのか。毎日試食して、変えられない中で少しずつ変えていく。**ブイヨンですとか野菜の量ですとか、そういうのを変えていくしかない。だから日々ですね。「ああ、うまいな」「あれっ、なんか違うな」の連続。試行錯誤は、もう30年近くなるかな。

――この30年の間にどれぐらい変わってきているんですか？　おそらくお客さんからすれば「ずっと変わらない味だね」と。

宮川　印象は変わらないと思うんです。

――でも、変わってる。

宮川　変えてます。そうしないと駄目だと思う。やっぱり同じものであっても同じものじゃない。だから、100％というのは分からない。カレーは生き物だから。不思議なもので、この味を守ろうとした時に、手を加えるというのは加えすぎても駄目なんですよ。加えすぎちゃうと全然別物になっちゃうんですよ。

——何かを加えたら、どこかで何かを引かないといけない。バランスがあるわけですね。

宮川 そうそう。だから、こちらの引いた線上で変えるしかないと思う。僕が始めたばかりのころは、ポークカレーはもっととんがっていたね。今のポークは、**最初に甘みが来ると思うんですよ。それで辛さがあって、その後の苦さ、香ばしさが最後になるんだと思います。**だから、その甘みが最初に来ないようだったらそのカレーは駄目なんです。一番最初にビターな感じがしちゃったらそれは失敗ということ。

——酸味、辛み、苦み、甘み、あと塩味、これ以外にうまみと、いろいろあるんですが、人間の舌は甘みを一番最初に感知する。それによって他の味わいに対して敏感になるらしいんです。

宮川 人間の一番苦手な味というのは苦みだと思う。辛みは味覚じゃなくて痛覚でしょう。だから、最初にその人が食べて、それで苦みを感じたというのは駄目なんですよね。絶対駄目だと。

——それってものすごく難しいところに挑戦しているというか。だって、人間が一番苦手な味が、逆に言うと、このお店の特徴になっているわけじゃないですか。

宮川 そうだと思います。**「うまいうまい」と言って食べて、お店を出た後、神保町の街を歩きながらほんのりあの苦み、ビターな感じが頭に残っていて、「ああ、また行きたいな」ってなるという感**

じが理想。それは香辛料をローストすることで生まれますから、我々とカレーとのせめぎ合いだね。ローストしている間はずーっと付いていて、火を入れるんですけど、油の量、あと、その時の湿度だとか火加減によっても全然変わっていくんです。それがほんのちょっとでも崩れたらただ苦くなってしまう。

― カレー粉が鳴く瞬間を見極める ―

――僕は、学生時代に「共栄堂」に通いまくってましたが、絶対に再現してみようとは思いませんでした。無理だと思ってるから。何をどうしていいか全く想像がつかない。ところが、ある日、テレビを見たら、たまたまここの厨房（ちゅうぼう）が出てたんです。カレー粉をラードやヘット[注21]で焙煎（ばいせん）して、そのまま煮込み鍋にジャーッと加えてるのを見た。あれは衝撃的な映像でした。

宮川　ああ、それはだいぶ前のやり方だ。今は全く違う。最初に僕が教えられた時はそうやっていたんだけど、それはもう駄目だって分かった。あのやり方だとソースの味わいがとんがっちゃうわけ。**今は油脂でローストしたスパイスをボウルに入れて、寝かせるんです。2日でも3日でも。**

――そうか、それでなじむんですね。

宮川　うちのカレーはつくったカレーをブイヨンでのばして食べても、その日はおいしくない。もう全然おいしくない。豚の臭みも出る。だから、でき上がりのカレーを小分けにして常温で冷まして、それから冷蔵庫で寝かせますね。1日半ぐらい。そうすると熟成してくる。

――油脂でローストしたスパイス（カレーペースト）は冷蔵庫には入れないんですか？

宮川 入れません。カレーを仕上げる時に冷たい状態のまま加えることになるのはよくないから。ラードとヘットとチーユ(注22)（鶏油）で炒めて、ボウルに移して常温においてなじませる。たまにへらでまんべんなくかき混ぜて寝かせると柔らかくなっていい感じになるんです。その一番大事なところの処理方法を変えた。

――ローストが完了して火を止めてボウルに移した後も余熱で火が入っていきますよね。

宮川 そうなんです。だから、そこのローストのしかたが難しいんです。ずーっと40～50分、最初火加減を変えながらローストしていくんですけど、なんて言うのかな、**カレー粉が鳴くんですよ。**プチッツプチッと。周りからプチップチッと。鳴くような感じがして。「あ、鳴いてきたな」と。

――カレー粉が鳴くんですか？

宮川 鳴く。最初は煙がバーッと立ち上って、それが静まって落ち着いてくると、風もない湖みたいになってきて、そのままずーっと進めていって火を止めるんですよ。そうすると、なんかプチプチというんじゃなくて、周りから鳴くような感じになって。それで「あ、あともう少しだな」、色味を見て「もう少しだな」と思って、その前に止めるんですよ。止めて30分置いておくと、少し冷めてくるでしょう。そのまま余熱を使って。それがちょっと変わると出せない。食べた時に、「あっ、苦い。もう駄目」。何度も捨てたことがありますよ。泣いてもしようがないけどね。悔しくてしようがない。

――かといって、焙煎する時の火入れが足りないと、ここの味にならない。

宮川 だから、焦がせばいいっていうことなんじゃないですよね。自然にそれを見極めていく。それが一番ポイントになると思う。鍋に張りついてね。他のことは何もしない。ずっとそれだけ。

――そもそもが、粉状のスパイスを脂で炒めるというのは、その時点でかなり危険ですからね。

宮川 危険なの。だから、脂の温度も高くしないで入れていく。で、ずっと焼いていく。それでも、ものすごい温度になるから、跳ねたりしたらやけどしますよ。大変なやけどになる。

――いわゆる「寝かせてなじませる」のは、カレーペーストと仕上がりと、この2回ですか?

宮川 そうですね。今のほうが昔よりも少し焙煎のしかたがきついかもしれないけど、その分、気を遣う。**夏場と冬場では違うし、火の入り方も違うから、色の変化や煙の巻き方を観察して。煙は最初にワーッと立ち上るんです。それから湖面のように静かになっていく。**ボウルに落ち着いた時の色も見る。そして脂が浮いていなかったら「あ、これはちょっと浅いな」とか。

――火の入れ方によって個性が出てくるんですね。

宮川 はい、出てくる。そうすると、じゃあこれ、今日はこっちの3分の1とこっちの3分の2を使おう、と。それで、ある程度一定になる。だから、本当にすばらしいものができたというのは、本当にこのままでいいななんていうのに仕上げるのは、かなり難しいだろうね。

――宮川さんが、最終的に判定をするわけじゃないですか。3日おいた状態で、脂も固まりました、じゃあ少し暖かいところで脂が溶け始めた時に、ちょっと味見するんですか？

宮川 それは味見してもムリムリ。その時点では絶対に分かりません。だから、やっぱり少量を仕上げて味付けもしてみて。それで、ちゃんとご飯に少しかけて食べる。だって、**ご飯にかけた時の味の印象は全く違うから、ソースだけじゃ分からない。**うちは昼間は賄いにいろんなものをつくるんですけど、やっぱりご飯の脇にはちょっとカレーをのせて、絶対みんなで食べるようにしてる。今日のカレーはこういう出来だからということで、絶対にみんなご飯にかけます。

――それは毎日訓練しているということですね。

宮川 毎日。健康になるし(笑)。

――そうですね。ところで、このカレーはかなり長時間煮込んでいますよね。煮込んで、カレーペーストを合わせるのは仕上げの段階に入ってからなんですか？

宮川 仕上げです。火を止める30分前ですね。それできれいになじむから。

――ああ、そうですか。でも、それは面白いですね。インド料理なんかでいうと、仕上げにガラムマサラを振るという、感覚としてはあれに近いんだと思うんです。でも、そこで100%のスパイスが入るわけじゃないですか。それは面白いですよね。

宮川 その前にも別なスパイスは入っているんですよ。野菜をすりつぶして加えて炊き上げていきますよね。このタイミングでパウダースパイス各種を加える。同時に調味料だとかもいろいろ入れます。ブイヨンによく溶かして、最後にチーズも入ります。

――でも、そういうことで言うと、1人前のポークカレーがあるじゃないですか。仕上げに入れるカレーペースト、この中に入っているスパイスの分量でいうと、仕上げのカレーペーストと途中で入れるスパイスの比率はどっちが多いですか？　炊いた後に入れるスパイスと、仕上げのビターなカレーペーストと、分量というのは。8対2なのか、5対5なのかというと。

宮川 7対3ぐらいかな。7のほうが仕上げのカレーペースト。

――ブイヨンがカレーに個性を生む――

――煮込み時間はどのくらいですか？

宮川 ポークカレーは大体2時間半ぐらい。なぜかといったら、豚肉だって溶けちゃうでしょう。煮込んだ豚肉を網で取って、残ったソースをベースとして他のカレーに加えます。で、**ブイヨンがメニューごとにすべて違う**んですけど、ビーフはビーフを焼いて、ブイヨンで野菜と炊いて、フォン・ド・ヴォーを入れて、赤ワインを入れたり。だから、うちのはブイヨンで味を決めていく感覚。チキンは白ワインが入る。エビはエビの頭を仕入れて、ブイヨンを引いて、それをこして、身のほうはバターと白ワインで火入れして合わせる。

――そうか、メニューごとに本当に全く違うんですね。

宮川 だから、ずっと仕込みをしています。カレーソースの色は同じに見えるから多分お客さんは同じだと思ってるんでしょうけれど。だから、「何がおすすめ?」って聞かれるんだけど、うちはおすすめはないですよ。みんな味が違うから。エビなんかミソが入ってるからすごく甘く感じるでしょうね。

――でも、その仕込みは宮川さんがお店に入ってから進んだわけですよね。

宮川 そうです。つまらないと思って。エビ入れるだけじゃ、どこのカレーも同じだと思って。ベースのカレーが一つできたら、あとは具を変えてメニュー構成するというやり方をするのは、僕自身が自分を許せなかった。

――共栄堂には何種類ものおいしいスープができ上がっているわけですよね。ここに70%のカレーペーストが入っていくとカレーになるという。

宮川 だから、カレーのベースが最後なの。これが最初から入ってて煮込まれちゃったら味が変わってきてしまう。やっぱりそのタイミングがあると思う。ただ何でも入れりゃいいっていうもんじゃないから。そのタイミングって大事だと思う。

――じゃあ、ヘット、ラード、チーユで炒めたカレーペーストというのは、本当にこのお店の味を握っているんですね。

宮川　だからそこがせめぎ合いになる。

――カレー粉を使うカレーでわりと失敗しやすいのは、具をスープで煮ている途中でカレー粉をバッと入れちゃうんです。市販の固形のカレールーと同じ感覚だから。カレー粉の場合はパウダースパイスだから油と一回なじませないと粉っぽくなってしまってなじまない。

宮川　だから胸やけするんです。野菜などを炒める時にカレー粉を入れていって、それにただブイヨンを入れていくとものすごくおいしくなるんだけど。うちでも昔のやり方だと高温のカレーペーストを煮込み鍋にジャーッとやった時に固まっちゃう。だって、温度差があるから。なんでこれやってたんだろう、と思うぐらい。最初は教わったからそれをやった。これはずっと続いていることだからっていって。あれははっきり言ったら私の中では邪道だと思う。全然おいしさが違う。基本は昔に教わったもので、レシピもあります。おいしさを追求するためには変えちゃいけない、でも変えなきゃいけない。これは大事だろうと思いますよね。

――あと、さっき苦みと甘み、酸味、辛みという話が出ましたけれども、酸味とか辛みに関してはどうですか？　どの辺に止めておくのがいいと。

宮川　僕としては、うちのカレーでも「これ、辛いね」とか「これ、辛さ感じないね」とかあるんだけど、**辛さは一定にしておいたほうがいい。**でも、ブイヨンや野菜などを加える量によっては甘く感じることもある。逆に言うと、チキンなんていうのは、少し辛く感じたりするかもしれない。

――ベースのソースにもう固定で決まった辛さがあるから、この後の処理によって加わる味で、仕上がりのカレーの辛さがちょっとずつ違うわけですか。

宮川 その通りです。辛みの調整をリクエストされることもありますが、できないんです。だって、辛くするっていうのは一味とうがらしだとか辛いスパイスを後から加えるだけであって、そうしたらうちの味が壊れちゃう。

――でも、多分その意味でいうと、以前の「共栄堂」のカレーは、辛かったんだと思います。なぜなら、宮川さんがやり始めてからブイヨンのつくり方が変わったので、絶対に野菜やその他の素材の甘みが出るじゃないですか。

宮川 絶対そこがポイントだと僕は思う。ブイヨン一つでどれだけ料理が変わっちゃうか。だから、ブイヨンというのは大事にしなきゃ駄目。うちなんか一番お金がかかるハヤシをやってるでしょう。1か月にいっぺん、何回も野菜入れてこす。何回も入れる。これじゃあこの値段は合わない、倍でもいいよ、みたいなね(笑)。なんでこんなにお金をかけるのか。でも、一度やった以上はおいしく食べてもらいたいって思う。

― 包丁の入れ方一つで味が変わる ―

――昔の本に「共栄堂」のカレーのつくり方がザックリと載っていて。僕が面白いなと思ったのがここなんですよ。ド頭で、たまねぎ、じゃがいも、にんじんをみじん切りにしたものを、湯を足して原型がなくなるまで煮込む。

宮川 今はみじん切りにしません。たまねぎも芯の甘さを出したいから、半分に切って、芯を取り分けて残りを二つに割るだけです。にんじんも大きく切ります。じゃがいもは皮をきれいにむいて入れます。**包丁一つでみんな変わってしまうから。**

――最初に炊く野菜も、野菜の切り方はみじん切りから変えたわけですか。

宮川 だって、みじん切りなんて使ったら意味ない。包丁を入れた分だけ包丁臭くなっちゃうもん。絶対駄目ですよ。だったらそのまま長い時間炊いたほうがいい。

――そうか。四つ割りだったら2回包丁を入れるだけでいい。

宮川 そう、2回だけ。刃物を当てすぎたら、酸味が出ちゃうじゃないですか。きつい風味も出るじゃない。

――繊維をつぶしちゃうこともありますしね。

宮川 そうそう。**何でもそのまま入れたほうがいいですよ。で、溶けるぐらいになったらミキサーに**

かけ̇れ̇ば̇き̇れ̇い̇に̇で̇き̇る̇。ミキサーをよく使うからしょっちゅう壊れますよ。

――たまねぎは炒めないわけですか。

宮川　炒めない。

――カレーをつくるうえで、みんなたまねぎ炒めへの関心があまりに高すぎるんじゃないかと疑問を持っているんです。日本人がたまねぎを炒める主な理由は甘みを引き立たせるためですよね。インド人がたまねぎに求めているのは香ばしい香りなんです。でも、甘みと香味が欲しいんだったら、別のもので代用もできるはずです。だとしたら、何のための飴色なんだろうと。そういう意味でいうと、例えばこれ、たまねぎを四つ割りにしてお湯足して炊いていったら、はっきり言ってかなり早い段階でかなり甘いんですよ。

宮川　絶対そう思います。**た̇ま̇ね̇ぎ̇は̇炊̇い̇た̇瞬̇間̇に̇も̇う̇甘̇み̇が̇ブ̇イ̇ヨ̇ン̇の̇中̇に̇全̇部̇出̇て̇い̇き̇ま̇す̇。た̇ま̇ね̇ぎ̇の̇風̇味̇も̇残̇る̇。さ̇ら̇に̇香̇味̇の̇部̇分̇は̇、う̇ち̇の̇場̇合̇は̇カ̇レ̇ー̇ペ̇ー̇ス̇ト̇が̇補̇う̇わ̇け̇だ̇か̇ら̇、こ̇れ̇で̇甘̇み̇、風̇味̇、香̇味̇は̇そ̇ろ̇う̇。**

――だから視点を変えれば「共栄堂」の調理場で行われていることは、たまねぎ炒めを全否定できるプロセスだと思います。

宮川　だって、たまねぎを炒める必要性がない。少なくともうちのカレーには必要性がない。たまねぎを入れた時に、飴色に炒められていたりしたら、逆にそれがとんがっちゃう。

――カレーに何の味を加えたいのかということが、本当は優先のはずなのに、たまねぎをまず炒めなきゃ駄目なんだ、偉いことなんだというふうになっているから。だから、そこになんとなく違和感があるんです。

宮川　僕がその時に考えるのが、たまねぎを炒める時にどんな油を使うのかということ。それによってもたまねぎというのは変わってしまうと思うんです。そこにバターを入れるのかもしれないし、オリーブオイルかもしれないし、菜種油なのか――何でも。別にごま油とかは使わないかもしれないけれど。だから、その油によってもたまねぎの引き立て方も違うなと思うんですよね。全然別の物になるんですよ。

――話は戻りますが、ここのカレーは、この30年間でまず見た目はほぼ同じなのに中身がまるで違うものになった。お客さんは昔も今も変わらず「おいしい、おいしい」と言って食べている。全く気付いていないでしょうね、これだけの手間がここのカレーにかけられているとは。

宮川　でも、それをいちいち分かっていただいて召し上がるよりも、サラッと食べてもらっていい。で、ビーフとポーク食べて、「同じじゃない、味が」とおっしゃる方もいらっしゃいます。エビなんか出したら全然違うのは分かりますけどね。でも、分からなくてもこちらが切磋琢磨していればいいものだから。

――そういう意味ではブラックホールのようですね。外から眺めていても中身が全く想像つかない。ここのカレーのおいしさの秘密はそこにあったんですね。想像以上でした。ありがとうございました。

〔インタビューを終えて〕

Interview with Taikyu Miyagawa

おいしいカレーをつくるためには設計書が必要だ。「最初に甘みが来る、そのあとに辛さがあって、苦さ、香ばしさが最後にくるのが理想」。これが宮川さんが思い描く「共栄堂」の設計書である。この味を実現するために行っていることは想像以上だった。

油脂でローストし、香りを引き立てたスパイスを2日も3日も寝かせる。カレー粉が鳴く、という表現が印象的だった。鳴かせて寝かせるわけである。野菜から甘みやうまみを存分に引き出してカレーソースをつくり、再び寝かせる。「共栄堂」のカレーには熟成味が欠かせない。

たまねぎに包丁を入れる回数はできるだけ少ないほうがいい。たまねぎは炒めなくても甘みが引き立つ。宮川さんはたまねぎ炒めを否定しているわけではない。役割分担を考えて設計し、狙いを定めて調理をする必要があると主張しているのだと思った。そのうえで、「共栄堂」のカレーにたまねぎ炒めは必要ないと判断したのだ。今度お邪魔した時には、でき上がったカレーを「ご飯にかけて味見する」宮川さんの姿を見てみたい。

奥義 06

ピキヌー 山口 茂

やまぐち・しげる　1961年栃木県生まれ。東京・早稲田のメーヤウで2年間店長を務めた後、93年に独立。東京・下高井戸でピキヌーをオープンする。99年に東京・駒沢に移転し現在に至る。

Interview with Shigeru Yamaguchi

「カレーに彩りを与える素材の風味とは?」

残念ながら、僕はまだタイカレーの本当の魅力を知らない。このことはまず白状しておいたほうがよさそうだ。タイ料理は好きである。タイには10回ほどは足を運んでいるから、それなりの料理にも出会ってきた。都内を中心にタイ料理店を食べ歩いた経験もある。その結果、もう何年もの間、毎月欠かさず食べ続けているのは、「ピキヌー」のタイカレーだけだ。

タイカレーの魅力は、一般的にハーブと呼ばれる生のスパイスたちの香りにある。そこにナムプラーの力強いうまみやココナツミルクのコク、そして、時として、うまみ調味料の支配的な味がかぶさったりするわけだから、口の中を丸ごと持っていかれそうになる。

でも、「ピキヌー」のカレーはちょっと違う。ハーブの香りは控えめで油っこさも塩けも強くは感じない。激烈に辛いわけでもない。その代わりどっさりと入った野菜の味わいが堪能できる。果たして、これはタイカレーなのか? とたまに疑問に思う。タイのエッセンスを取り入れたジャパニーズカレーなんじゃないかという気さえする。

タイカレーとは何か、よりも知りたいのは、「ピキヌー」のカレーがなぜうまいのか、である。あの恐ろしく洗練されたカレーを彩るのが素材の風味だとすると、それは山口さんのどんな感覚から導き出されるものなんだろうか。

―日本人はだしの味わいを重視する―

――初めてタイカレーを食べた時の印象は？

山口　「なんだこれ」と思いました。「これ、おいしいんだろうか」と。でも、慣れるとやっぱりおいしいですよ。

――自分のお店を出して自分の味にしていくうえでは、タイ料理とはこういうものだ、みたいなのが情報としてどこかで入るんですか？

山口　あんまり。ベースとしてラインはあるけど。水野さんもタイによく行ってたから知ってると思うけど、タイカレーって濃いですよね。

――毎日は食べられない。いわゆるうまみ調味料もかなり頻繁に使われているし。

山口　それを毎日食べられる味にしようと努力したんです。ココナツミルクの量をかなり減らしたり、塩加減も自分が薄味好みなんで。だから1回目は驚いちゃった。「何、この濃い味」みたいな。2回目行ったら慣れたせいか、料理もおいしく感じるようになった。

――でも、タイでおいしいと思った料理と、帰ってきて自分がその当時早稲田でお店を始めて出しているカレーというのは全く別なわけですよね。その辺は、「じゃあちょっと自分なりに変えてみようかな」みたいな気持ちが出るわけですか？

山口　全然思わなかった。

——じゃあ、本格的に自分の味でやりたいというところに動き始めたのは下高井戸からですか？

山口　そうですね。日替わりでやったんですよ。365日違うカレー。チャレンジですよ。きつかったです。ただ、店が暇だったので(笑)。

——日替わりメニューのヒントはどこから？

山口　主に素材からですね。店の近くに市場があったから、そこに行って考えることが多かったです。素材があるからこれで何とかならないか、と。ワタリガニでプーパッポン[注23]つくったり。

——その時にはもう、タイカレーをつくるセオリーは自分の中にはある程度できていたということですね。素材が変わって少しアレンジを加えれば大体タイカレーになると。

山口　そうですね。**タイカレーって結局ベースはとうがらしですから**、それでつくれば。すごい味の強いのがタイにはあるので——とうがらしじゃなくてカレーの種類も。その中から日本人の口に合うというか、自分で食べておいしいようなものを出していけば。だから、サワーカレー[注24]とマッサマン[注25]はうちは取り扱わない。おいしいと思わないから。

——でも、向こうで食べてこれを再現しようと思った時に、普通の人だったらどこから手を付けていいか分からないじゃないですか。

山口　タイカレーってほとんど基本は同じなので。何を入れないか、ちょっと入れるかというのと、あとは配合なので。

―― その同じ基本というのは、一般的に知られているペーストをつくって、これを炒めて、水とかココナツミルクでのばしていくということですよね。

山口 そうです。というか、タイのタイカレーを食べたければタイカレー屋さんに行けば食べられるんで。自分なりの味をどうするかっていうので、ココナツを少なくしてみたりとか。あと、タイ料理はハーブの香りがきつくて、すごいじゃないですか。それをいかに少なくしていくかというか。グリーンカレーなんて、タイのバジル、ホーラッパっていうんですけど、それを使うときついんです。だから、今は西洋バジル、スイートバジルで代用する。

―― ペーストは炒めますか？

山口 炒めます。炒めないと油に融合しないんで。**油にうまみが染みていくので。**

―― タイってココナツミルクをいきなり煮て――向こうのココナツミルクって油が結構多くて、それが浮いてますが――そこにペーストを入れるんですよね。

山口 そうなんですよ。でもうちは全然それはしません。それだとまったりしちゃって。

―― しかもそれを日本でやろうとすると、日本のココナツミルクの缶って油なんかそんなに出ないから。

山口 うん。ココナツミルクも、うちはパウダーを使っています。そうすると濃さを調節できるので。

缶詰とか使っちゃうと濃すぎる。ポイントは、味わいをいかに軽くするかです。

――でも、軽いほうに向かえば向かうほど、お客さんの反応からすれば「味気ない」とか「いまいちピンとこない」とか言われる危険性があるわけじゃないですか。

山口 僕は人の意見は全然聞かない。自分が良ければそれでいいみたいなところがあるので。

――自分の味をやっているからそういう不安はないとしても、ここのカレーが軽いけれどもうまいという点に何か謎があるはずだと思うんです。山口さんが何も意識せずにやっていることの中に。

山口 あっ、分かった。そこにオリジナルの、グリーンカレーにキャベツが入ったり、カントリー(注26)にはごぼうでだしを取ったり、そういう**野菜のだしが入ってるから**なのかもしれない。ごぼうはすごいだしが出ますからね。で、ちゃんとうまみがあるんですよ。グリーンカレーにキャベツ入れていいんだろうかっていうのは最初ありましたけど。キャベツからもだしが出ますし。

――もちろんエビからもおいしいだしが出るし、キノコもいっぱい入ってるし。素材の味があるっていうことですね。

山口 タイのカントリーカレー、あんなにキノコ入ってないですもんね。

――カレーに重視しているものの、味わいが強いんですかね。風味、香りって言うよりも。

山口 **タイ料理で重視されているのは香りと、甘くて辛くて酸っぱくて、みたいなことかもしれませんが、日本人はやっぱりだしの味わいなんじゃないですか。**

――そうですよね。だから、そこがウケているのかもしれないですね。そういう意味でいうと、「ピキヌー」のタイカレーってかなり特殊ですよね。

ペーストは不変、素材は可変

――食材を選択する時のポイントって何かありますか？

山口 本当にインスピレーション。一番はやっぱり、その野菜を見ると「これ、何かに使えないかな」みたいな。僕はもともと農家の子なんで野菜が好きなんです。

――例えばインド料理とかでも本当に腕のいいインド人シェフって、日替わりカレーを2種類ずつ月～金で毎日出したりとかしてるんですよ。素材に合わせて使うスパイスを決めて組み立てる。実力のある人はそれができるんですよね。インド人とかタイ人の場合は、それを設計する時に香りが重視されるんです。この素材に合う香りは何か。それに似た感じで、山口さんの場合は、ある素材が浮かんだ時にその味だけではなくて、香りとか風味も一緒に計算しているんだと思います。

山口 あと、見た目の色も大事にしてます。

――そうか、色もありますね。あったら使っちゃうなという素材って、どんなものですか？

山口 難しいな。キノコは好きだね。キャベツ、ごぼう……。あとは菜っ葉が好きです。切って炒めるだけなんで楽ですし。それで季節感も出せるし。菜の花とか。意外性が好きだかられんこんを入れてみたりとか。**タイ料理には使わないような素材を入れるのも好きです。**

―― 今まで「これ入れなきゃよかった」みたいなのはあります？

山口 いっぱいあると思います。すぐ忘れちゃうから……。ふきのとう入れたら苦くて駄目だった。春の縁起物で入れてみようと思ったけど、あれ、すごい苦くて。

―― 仕上げ直前に素材が入るわけだから、長時間煮込めばどうしようもなくなっちゃうようなものもある。

山口 タイカレーって基本的に煮込まないですから。

―― そうですよね。具にして入れる素材を、「たまにはペーストをつくる時に加えてみるか」という気は起こらないわけですか？

山口 ないですね。やっぱりペーストがあるからこそアレンジできるので。素材でアレンジしている感じですよね。

―― じゃあペースト自体のバリエーションを増やしてみようとも思わない？

山口 本当に微妙な差なので。レッドとパネン(注27)の違いとか。グリーンだけは完璧に違いますけど。

―― そうですよね。そうすると、例えばレッドのペーストとグリーンのペーストの半々混ぜ合わせみたいなペーストをつくったら、それもタイカレーにはなりますよね。

山口 なりますよね。

――グリーンはグリーン、レッドはレッドで完成されたカレーだと思うんですけど、不文律で動かせないものなのか、半分ずつ合わせたカレーが成立するものなのか。

山口 どうなんだろうな。レッドとカントリーは成立すると思う。レッドとパネンも成立すると思う。でも、混ぜ合わせたとしても、きっと食べているほうは分からないと思います。例えばレッドのレッドチリをグリーンチリに替えたようなものをつくっても、メニューに何て書いて出していいか分からなくなっちゃうもんね。ただでさえうちのは食べたことない人は分からないですからね。

――なるほど。でも、例えばこれがインドカレーでいうと――インドカレーももう地域によって本当にさまざまなので――料理によってスパイス使いが変わるわけですよ。だから、例えばポークビンダルー(注28)といったら大体こんなスパイスとか、マトンコルマといったらこういうスパイスとか大体決まっているんです。サンバル(注29)を使うのは大体これですよって。例えば、20〜30種類のサンバルレシピをすべてリスト化して統計を取ると、上位7〜8種類ぐらいのスパイスは同じなんです。インド料理の場合は、メニューごとにセオリーがありつつ、それがそんなに限定的ではない。そういうことがタイカレーであるとしたら、タイカレーはペーストに何が入っていればとりあえずタイカレーになるんでしょうか?

山口 **レモングラス、カー(注30)、とうがらし、ホムデン(注31)というか、たまねぎ。そんなものじゃないですか。**

あとうがらしは絶対入ってなきゃ。

―― なるほど。でも、そのことで言うと、その辺が入っていたら、あとはちょっとずつのアレンジだったら、グラデーションでペーストは無数につくれるという感じでしょうね。

山口 そうですね。無数につくれるでしょうね。つくれるけど、そのアレンジされて完成度の高いものがもう「何々カレー」っていう名前で出ちゃっているから、それ以上自分で何かして増やしても、ね。

―― 僕は山口さんの中でビシッと線が引かれている感じが不思議だなと思うんですよね。どっちかとどっちかをくっつけてもいけそうな感じがするけれども。

山口 考えたことがない。

―― 例えば、何種類かのカレーを出しているインド料理店がスタッフ用に賄いで鍋底にちょっとずつ残ったソースを混ぜて出す。スタッフが食べて「これが一番おいしいです」って言うって話を聞いたことがあって。そういうのもなしですか？

山口 それは個人の好みなんで。自分でしたことないから分からないですよね。最後にはちょっとは余ることもあるけど、それを他と合わせようとは思わない。

―― タイカレーってペーストありきで、ペーストを炒めていって水分が入って具が入って仕上がる。一応、構造上は、ペーストの段階で1回、水分を入れてソースができ上がった段階で2回目。で、具を入れた時に3回目。合計3回くらい複数のタイカレーを要素として融合させるタイミングはあると思うんです。

山口　というか、混ぜ合わせるのはすでにもうタイでやってるんだと思うんです。それでおいしいのだけが今生き残っていて、そういう名前であると思うんです。

――結論が出ていると。でも、例えば新しい組み合わせをつくればオリジナルになるわけですよね。無人島を見つけたり星を見つけたりすると自分の名前が付いたりするじゃないですか。「山口ペースト」が生まれて、バンコクで大人気、みたいな。

山口　そうすると、何か加えるしかないよね。もう抜くのは難しいから、加えるしかないんですよね。ワサビとか山椒でも入れてみるかな(笑)。山椒を入れてしびれるタイカレー。

――でも、もともとがちょっとやっぱり濃くて自分の口に合わないなと思っていたタイカレーのペーストを、引き算していって今に至るわけですよね。それは、単純にアイテムを削ったり量を削ったりしたということですか？　例えば5種類の素材でペーストをつくっていたのを4種類にしたという。

山口　じゃなくて、ただ単に量を減らしているということ。

――これまで「あれは奇跡的な味だった。忘れられない」みたいな。

山口　里芋のグリーンカレーですね。

――ネバネバするとか食感もかなりポイントになってますよね。

山口　そうそう、**食感は大事ですね。**歯ごたえのあるものが好き。ドロドロしたのは嫌い。**タイカレ**

ーの場合は素材ごとに適正なタイミングで調理ができるから、食感でも遊べるんですよ。

塩は控えめに、油は適量で

――塩加減ってどうしてますか？

山口 うちはお客さんがナムプラーで自分で調節できるんで。

――仕上げる時の塩加減は基本的にナムプラーだけですか？ それとも塩を入れているんですか？

山口 塩は入れないです。

――ああ、そうですね。タイカレーが多分他のカレーとだいぶ違う部分って、一番大きいのはペーストで、次にココナツミルクがやっぱり要素として大きい。あと、ナムプラーだと思うんですよね。だから、そういう意味ではナムプラーの存在は相当大きいですよね。

山口 うちは自分で入れてもらうっていうことを考えているからナムプラーもあんまり入れないです。

――じゃ、塩けはどこから出ているんですか？ だって、ゼロではないですもんね。

山口 ペースト自体には入ってる。あとは、ナムプラーをお客さんに自分で入れてもらったほうがいいという考え方。

――そういう意味では相当ストイックなカレーですね。普通のタイ料理とかタイカレーは、やっぱりナムプラーで味を決めてる。タイ食材を扱うメーカーの社長さんが言っていたのは、「日本人はとにかくナムプラーが好きだから、ナムプラーの量を増やすと商品が売れる」と。それは僕はかなり的を射ていると思う。やっぱりそういう人が多いから。それぐらい、ナムプラーとか魚醤の独特の香味と味が日本人は好きなんですよね。

山口 ナムプラーってそのままカレーにふりかけて食べるとおいしいですけど、煮込んじゃうとそんなに効かない気がします。多少はだしの分は出ますけど。

――肉の扱いはどうですか? 例えば欧風カレーみたいに、牛ホホ肉をホロホロッとさせるとか。

山口 合わないんじゃないかな。ゲーンハンレーっていうミャンマー風カレーっていうのもありますが、あれは煮込んでますよね。でも、あんまりおいしいとは思えない。肉は具として味わうというよりもだしが出りゃいいや、ぐらいにしか思ってないので。

――タイ料理に使われるハーブ類の中で、特に好きなものとかありますか?

山口 やっぱりバイマックルじゃないですかね。(注32) バイマックルはほとんど入ってますよね。というより、**タイ料理って本当にバイマックルが支配しているような気がしないでもない**。タイ料理って本当にシンプルで、それをサッと組み合わせて、レッドになったりカントリーになったり。だって、調味料ってナムプラーとシーズニングソースっていうのがあって、あと醤油が濃口とうす口と、あとオイスターソース。どこ行ってもそれが全部ですから。あと、タオチアオソース。(注33) それ以外ないですから。

―― そうか。相当シンプルなんですね。一般的に見たら、多分ペーストがブラックボックスなんでしょうね。ここのカレーはそぎ落としていく段階で油の量も減らしているんですか？　それとも、油の量はそんなに変えてない？

山口 油の量は全然減らしてません。

―― 油の量を減らそうと思わなかった理由は何かあるんですか？　例えばココナツミルクはちょっと減らそうとか、ペーストに入れる量をちょっと減らそうとか思った時に。

山口 変な話ですけど、見た目もあるんです。グリーンカレーはグリーンの色なんで、油を減らしちゃうと今度はグリーンの色があんまり出なくなっちゃうんで。

―― 要するに、ペーストを油で炒めていくときれいな色が油に移る。

山口 それがカレーを仕上げる時に浮いてくるんです。やっぱりグリーンカレーにはグリーンの色が欲しいじゃないですか。その色があんまり薄すぎるのが嫌なので。

―― そうか、油が織り成す色味は山口さんのカレーにおける美学ですね。

山口 そうなんです。**油に色が染みているわけですから。やっぱり仕上がりのカレーの色とかも考える。**また油を増やしすぎちゃうと、それはそれで見た目が悪くなっちゃうし。

―― じゃあ、そういう意味でいうと、油は増減の余地はないわけですね。

山口 まあ、そうですね。

――甘みっていうのは全く入れてませんか？

山口　いや、入れてますよ。煮込みの時に砂糖を入れてます。

――やっぱり量の問題もあるでしょうね。全体の中での比率と。あと、ここのココナッツミルクはミルクパウダーでやってるからちょっと薄めになっているわけですよね。ここのタイカレーの中における砂糖の役割は何ですか？　これがなくなるとどういう問題が起きますか？

山口　きっと分からないんじゃないかな。そのぐらいの量しか入れてないですから。ただ単に、ちょっと入れたほうがおいしいかなと思ったぐらいでしかないですよ。入れてないのと入れたのがほとんど同じだから、入れ忘れてもオッケーだな、みたいな。

――なるほど。素材と油、控えめのハーブが織り成す味わいと色みが山口さんのタイカレーなんですね。多くのファンが通い続ける理由が分かりました。ありがとうございました。

〔インタビューを終えて〕

Interview with Shigeru Yamaguchi

タイカレーのベースはとうがらし、そしてレモングラス、カー、ホムデンなどのタイ独自の食材が持つ風味にあるという。さらに香りはバイマックルが支配しているそうだ。僕もそう思う。そこまで冷静に分析しておきながら、山口さんはそれらに対して、驚くほど執着心がない。

タイ料理で重視されるのは、甘・辛・酸味。日本人はだしのうまみ。このギャップに気付きながら埋めようともしない。塩は控えめに、油は適量で。ペーストを炒めると油にうまみも色も染み出ていき、仕上がりを左右する。ただあくまでもスパイスも油も道具の一つであり、ペーストは完成されたものだから、ことさらアレンジする必要はない。

どこまでも淡々とした調子なのは、それらが決め手だと思っていないからだろう。そんな山口さんが喜々とした話題は、素材についてだった。キャベツやごぼう、キノコのことを話す顔は明らかにうれしそう。素材の味わいを大切にする姿勢は、〝今月のアロイ〟という旬の食材を使ったメニューに象徴されている。さて、来月はいつ足を運ぼうか。

奥義

07

ラ・ファソン古賀

古賀義英

こが・よしひで　1962年福岡県生まれ。81年東京・京橋ドゥ・ロアンヌ入社。その後京橋シェ・イノ、87年には渡仏してトロワグロ、コートドールにて研鑽を積む。東京・池尻大橋メゾン・ド・ピエール料理長などを経て、2001年に独立し、代々木上原にコム・シェ・ヴ開店。13年に現在の場所に移転し、ラ・ファソン古賀を開店する。

Interview with Yoshihide Koga

「カレーのおいしさを支配するブイヨンとは?」

具のないカレーを初めて食べたのは、古賀さんが営むフランス料理店だった。白い平皿にライスとソースが盛られただけのシンプルなカレーを口に運ぶ。食べる前に予想した通り、1人前を食べ終わるまで、具が欲しい、という気持ちは湧いてこなかった。

うまみが濃縮されているのにしつこさを感じない味わいで、あっという間に食べ終わり、その後、しばらく熟考に沈んだ。これは一体……。このカレーを支配しているのが、ブイヨン、もしくは何かしらのスープのうまみであることは想像がついた。ここは、フランス料理店なわけだから、素材の味わいを引き出すテクニックは売るほどあるはずだ。

スープがうまければ、具なんて必要ないんですよ。

これが古賀さんの結論なのだろうか。もしかしたら、カレーという料理の最終形がここにあると言いたいのだろうか。元フレンチのシェフがカレーをつくったりカレー店を出したりするケースはわりと多い。ただ、その多くは、僕からすると複雑怪奇な味わいで、少なくともカレーの本質をつかれたような気持ちになることはなかった。

あのカレーに眠っているブイヨンはどうやってつくられているのか。古賀さんが有り余る料理のスキルを持って、現在のカレー界に提案しようとしていることがあるに違いない。未来のカレーをより進化させるために、そのコツをぜひ伝授してもらいたいと思う。

―ごまかしの利かない引き算料理―

――フランス料理の知見やテクニックがこのカレーにどう生かされているのかというのをどうしてもお聞きしたくて。

古賀　私がこのカレーをつくり出したのは、一時期、浅草の「入きん」という鉄板焼き屋さんで修業した時。そこでは最高級の黒毛和牛の松坂牛で、１頭５００万円くらいするのを買うんですよ。全部さばいて余ったくず肉でだしを取って、お茶漬けのようなさらっとしたカレーを出していたんです。最後にしめのカレーみたいな。牛のうまみだけでつくるようなカレーだった。これだったらフランス料理のコンソメを取る感覚でやれば、もっとバランスの取れたカレーがつくれるんじゃないかと思ったんです。普通はカレーだと、甘みが足りないとかいうと何か加えるでしょう。チャツネだの、ケチャップだの、りんごだの、はちみつだの。それをやっちゃうと、ある意味面白くもないし、誰でもできる。それなりのおいしいカレーをつくれる。ましてルーがこんなに市販で出回ってる。でも、「入きん」のカレーを食べた時に思ったのは、これはおいしくつくるのはなかなか大変だと。要するに、何も入れない。だしだけでつくっているから。

――それは簡単に味がつくようなものを使わずに。

古賀　そうそう。**引き算の料理**。要するに、余分なものを全部省いているから。そこのご主人は、肉のうまみを強調したくてやっていた。我々も砂糖とかケチャップとかそういう調味料は使わないんです。**いかにおいしくフォン、要するにだしを取るかが、我々の技術の見せどころ**なので。最近の料理ってどんどんそういうのが減ってきていますが、そこでやっぱり自分たちのテクニックというか、店の技術を見せるのには、これはベターだなと。日本人はどうしてもカレーが好きじゃないですか。三本の指に入るぐらいカレー大好きじゃないですか。だから、「うちはおいしいブイヨンがありますよ」と伝えたい時に、昔だったらコンソメスープを飲めばいいんだけれど、コンソメ一杯で2000円とか取ったら、みんな頼んでくれないでしょう。かといって、ブイヨンを飲ませるというわけにいかない。だから、おいしいブイヨンをカレーという形にして出すことによって、きっとカレーだったら食べたいなと思うわけでしょう？　今のお客さんにちゃんとお店の実力を知ってもらうためのカレーです。

――「入きん」の時のくず肉というのは、部位は、何でもかんでもなんですか？

古賀　すじっぽいところですよね。生で食べて堅いところ。そういうところはだしの味が出る。具にするところは、例えば肩肉とか。それもやっぱりそれだけだとちょっと堅いんだけれど、炊くことによって柔らかくなるようなところですね。

――「入きん」のだしは、フランス料理のスープとは全く違うものだったんですか？

古賀　違いますね。バランスが取れてない。

――とことん牛のうまみで、どうだ！　みたいな。

古賀　一口食べた時に、これは自分なりにこうやってアレンジできるなと。そういう意識は持っていました。野菜のうまみでバランスを取る。**何でもバランスが大切**。ワインでもそうだけど。酸味と甘みと塩味と苦みがあって、何か一つだけが突出していてもおいしいとは感じない。

――スープを取る時に使うスパイスは、ブーケガルニみたいなものだけですか？

古賀　ブイヨンの段階でブーケガルニを入れてます。あとは、仕上げにブラックペッパー、赤ワイン。ブラックペッパーは結構多めに入れます。仕上げにフワッと風味を出すために。もちろん最後にこすんだけど、かなり多く入れますね。最終的にカレーに仕上げる時に粉のスパイスもルーも入れます。でも、ブイヨンの味が決まってないと、おいしいとは感じないんです。我々からしてみれば、ごまかしの利かない料理なんです。その分、プロ意識が芽生えるし、やりがいがある。誰でもできるものだったら楽しくないけれど、引き算の料理だから面白い。**調味料とか甘味料とかに頼らない**。そこに我々の一つの料理に対するステータスがあるというのかな。それは最終的には体に優しいし、飽きがこない。調味料がたくさん入っていると、一瞬うまく感じるけど飽きちゃうでしょう。で、調味料特有の、舌に残るというか、嫌な食感。下手すれば胸がむかつく。食後の爽快感のなさ。やっぱり本当にうまいものは、一口食べた時はそこまでブワーッとこないけど、だんだんだん食べていくうちに体にジワーッと入ってきて、食べた後にとても爽快な気分になる。で、また食べたいなと思う。そういうものを、料理全般的に求めてつくっています。

―アクも油脂も徹底的に取り除く―

――料理における油脂分の存在について知りたいのですが。

古賀　**油（脂）は料理の味を変えるんです。油って酸化するじゃないですか。**油が酸化することによって、例えば魚のだしでも鶏のだしでも何でもそうだけど、引いてすぐの時は、逆に油がちょっとあるぐらいがおいしいんですよ。極端なことを言えば、和食でいったら、鯛の潮汁など鯛の油があるとおいしいじゃないですか。でも、時間がたつと逆に油がどんどんその料理をまずくしていっちゃうんです。油が酸化するから。で、最終的に酸化してしまうと体が受け付けないというか、普通の人でもムカムカする。オリーブオイルとかもそうだけど、油ってやっぱり本当に純度のいい、鮮度のいい、取れたての油だったら体にもたれないけども、ちょっと古くなると体が受け付けなくなる。

――例えばブイヨンとかスープ、だしを取る時に動物性の油脂が出るわけじゃないですか。

古賀　それがまさにそうですね。だしというのは何十人前も取るでしょう。必ずその日に使い終わらないから保存する。そこで油脂分が料理を劣化させるんです。その瞬間に食べ終わるんだったらそこまで気にしなくて大丈夫です。よっぽどいっぱい入れない限りはそんなに気にならないです。

――例えば火を入れる前に焼いたりして素材の油を落としたりとか、入れた後や煮込んだ後に冷まして上澄みを取ったりするんですか？

古賀　すべてです。焼いて油を落として、煮込む時も油を取るというかたちです。最終的にこした後に浮いてくる油も取る。完全に取るんです。ある意味油を取ることによってうまみが減るんじゃないかという懸念もありますが、**油がなくてもおいしい状態に仕上げなきゃいけない**。油に頼らないんです。

――ただ、だしを取る時に、アクを徹底的に引くという人と、最初に出たアクぐらいは引くけども、その後に出てくるものは引かなくていいという人と、いろいろ考え方がありませんか？

古賀　**油もアクも徹底的に引くべきです**よ。一つだけ私もあんまり取りすぎないようにしているのは、油を必要とする料理。うちでいったらブイヤベース。なぜかというと、ブイヤベースというのはエビのだしを取ります。エビというのは見ても分かるように殻なので、だしを取るといっても限界があるんですよ。殻から出る味なんか。肝心なのは、殻に含まれているエビの色素と風味とうまみをエビの殻を焼く時に使ったオリーブオイルにうまみを全部吸い取らせるわけです。だから、その焼いた時の油がうまみなんです。それは取っちゃ駄目です。それはしっかり残しておく。取りすぎちゃうと、うまみが全部なくなっちゃうので。それを普通にこしただけだと油とだしが分離しちゃうんですね。で、結局だしは真っ黒けになっちゃって、エビの鮮やかな色は上に残って、別物になっちゃうんです。そうならないように、バーッとかくはんして、ドレッシングじゃないけど、完全に混ぜて乳化させる。そういう状態で、冷蔵ではなく冷凍しておく。そうしないと酸化しちゃうんです。でも冷凍にも限界があるんですね。やっぱり1～2か月ぐらい。それを過ぎると劣化する。

――時間の経過による油の酸化の問題があるわけですね。

古賀　すぐその場で食べてしまうんだったら、まして家庭でつくったりする時はそこまでしなくていい。フォン・ド・ヴォーとか、フォン系なんかもすべてそうやってきれいにアクを取ってだしを取って、最終的にうまみだけを凝縮させるようなものがフランス料理には多いんです。

――煮込んでいる間はずっとアクを取り続ける？

古賀　そうですね。要するに、弱火でコトコトやっているでしょう。で、途中、水を足します。**水を足しながら煮る。それをこす作業を2～3回やります。こした後にスープと肉や野菜をもう一回別の鍋に入れて、再び炊くんです。すると、またアクが出てきます。**

――こす理由はどこにあるんですか？

古賀　結局、中に不純物がまだ入ってるからです。除去しきれてない。少量の水を足すことによって中の不純物がまた凝固しだす。それを何度か繰り返す。今のうちのカレーのだしぐらいだったら1回こせば十分。フランス料理では基本ですが、やっぱりそういうことを知らない人というのは多いと思います。それと日本人は油に慣れていない。外国の人たちというのは子どものころから油に関しては強いんですよ。例えばヨーロッパだったら、ソーセージとかサラミとか、ほとんど半分ぐらい油が入っている。サラミなんか7割ぐらい油です。ああいうのを子どものうちから食べているから、油に対して抵抗がないんですよね。でも、我々日本人というのは子どもの時にそんなに油をとる料理を食べない。ましてや向こうは狩猟民族で、こっちは農耕民族で、根本的に食習慣が違う。だから、きれいにクリアな状態につくってないものを食べると、どうしてももたれちゃう。体がそこに対応しきれない。だから、本当の意味でのフランス料理のおいしいだしの醍醐味を味わえるカレーを目指しています。だしができ上がったら、**だしっていうのは一回取ったものをずっと炊いちゃうと味噌汁と一緒で塩からくなっちゃう。風味が飛ぶ。**うちの場合は一回取っただしをサッと油を取って、あとはそこにルーを入れて、醤油とか赤ワインとかそういうのを入れて、一回バッと沸いたら終わり。

——そのだしを取るまでは煮込み時間はどれぐらいですか？

古賀　8時間とか9時間とか。そこにお酒が入っている普通のソースのだしだと、これは何度でも煮詰めていいんです。お酒って炊くことによって味がしつこくなったりしないんです。コクが出るだけなんです。だしだけのものを炊くとえぐくなっちゃう。塩からくなっちゃう。特にうちでつくっているソースは、お酒をたっぷり入れるんで。だしと同じぐらい入れる。

——エッ、そんなに入れるんですか。お酒っていうのはワインですか？

古賀　ワインですね。ただ、ワインといってもリキュールです。ポートワインとかブランデーとか、あと、マルサラ酒(注34)とかマデイラ酒(注35)とか。だしより多く入れるものもあります。それはもう、何度も何度も煮詰めても大丈夫。こしても大丈夫。だしに入れる具はオーブンでしっかりと甘みが出るように蒸し焼きします。野菜を、例えば**にんじんでもたまねぎでも、アルミ箔に包んでオーブンに入れると、すごく甘くなるでしょう。ああいう状態にしておくんです。**肉は焼かない。鶏ガラとか牛骨とかは入れず、和牛のスネだけ。あと、牛のくず肉があったら入れます。すじとか。あと、トマトと。

――最終的に8~9時間煮終わった後にこす時には、完全にギューッとエキスを絞り出して、これはもう捨てるということですか。

古賀　そうですね。うまみを凝縮したエキスの状態です。

――何時間も煮込んでボロボロになった牛肉を具として提供するカレー店もありますよね。あの感覚がどうしても不思議で。味も何もなくなった牛肉なのに……。

古賀　だしがらですよね。それは液体の中にあるから食べられるんです。あれが肉だけだったら食べられません。

――そうですよね。だから、その辺はあんまりカレーの世界では突き詰められていないんですよ。気にされていないというか。だから僕は、初めて古賀さんの具のないカレーを食べた時に感動したんです。昔、ホテルオークラのビーフカレーがすごくうまかったんですよ。スープ用に煮込んで残っただしがらは全部捨てていました。今はもうやってないそうですけど、注文があったらステーキ肉をソテーして合わせて出しているんです。だから、それは当然うまいんですよね。その後、取材したらやっぱり同じことを言っていて。「こんな何時間も煮込んだ牛肉は味なんかないんだから、うちでは捨てますよ」と。フランス料理の世界では常識なのかもしれないんですけど、カレーの世界にはその感覚はないので。

古賀　そういう意識がないんでしょうね。

─ 油は素材を加熱するための道具 ─

── 油の話を続けたいんですが、インド料理の世界で、本当にマトンとかチキンの肉のカレーだったら、大量につくると、煮込み終わった時、上の何センチかがほとんど油なんです。で、彼らはそれを、特にマトンカレーなんかの場合はローガンと言っていて、すくって捨てるんですね。日本人のインド料理のシェフが集まると、やっぱりあれが議論になるんです。あれ、どうするんだろうね、と。最終的に捨てるなら、最初の油をもっと減らせないの、と。どうも議論をしていくと、これを減らそうとすると、たまねぎやにんにく、しょうがに狙い通りの火の入れ方ができない。だから、最初の油は必要だからいっぱい入れる。でも、最後に浮いた油は要らないから捨てる。

古賀　感覚の違いでしょうね。

── 例えばフランス料理で、最初に香味野菜をソテーしていくじゃないですか。その時には、最初スターターでオイルが必要ですよね。この時のオイルは、その後、例えばお肉が入って煮込んでいった時に、油が浮いてきたら、これはやっぱり捨てるんですか？

古賀　ああ、取りますね。油はすべて取る。体に取り入れる必要はないよね。

――じゃあ、感覚としては、**油は素材に適正に熱を入れるための道具**だということですよね。その部分だけはインド料理の感覚はかなり近いかもしれません。

古賀　そうかもしれませんね。ただフランス料理にはコンソメっていうのがあって、あれを最初につくった人が徹底的にアクを引いた後にそれでもまだ、そこに卵白を入れてもっと不純物を取り除いて澄ますわけでしょう。そういう、究極のクリアにするということに対する意識が強い。でも限界はありますよね。だから、卵白を入れる前にしっかり油を取っておかないと卵白だけでは澄み切らない。

――リソレして出た脂も取り除きますよね。

古賀　**肉に付いている脂はうまみですよ。でも焼いた時に出る脂はうまみとは思ってない。**だから、何でも焼いた後に必ず油を切るでしょう。切った後にデグラッセ(注36)する。

――一般的には油って、パンチ力があってみんなうまいって思うものですよね。

古賀　その油にもよりますよね。例えば豚バラの脂、あれはものによってはうまい。

――例えばヒレカツとロースカツだったら、ロースカツのほうがうまい。

古賀　僕もロースカツのほうが好きですね。

――ですよね。ああいう脂のうまみっていうのを意図的に料理に足すということは、あんまりフランス料理にはないんですか?

古賀　ありますよ。パテとか。リエットとか。あれは全部脂入れちゃう。ただ、あれは脂を入れることによってガチッと固めて保存をするという理由がある。言っていることが両極端だけど、脂があるから固まる。ただ、脂があるから逆に中途半端な温度とか、もっと言うと、肉だけにしているよりも酸化しだすと早いです。だから、酸化というのが、油が酸化したものが結局一番体が受け付けないものだと思うんです。

——肉の煮込みについて教えてください。インド料理の場合、いつもインド人のシェフが「オイルがセパレートしたらオッケー」って言うんです。というのは、例えば「弱火で1時間煮込みなさい」という、いわゆるレシピに書いてあるプロセスじゃなくて、煮込んでいるところを見て、表面に油が分離してきてパキッと浮いてくる時があるんですよね。そうしたら煮込みが完了なんです。フランス料理でそういう、煮込みにおける、ここはまだあと15分必要とか20分必要とか、今これはオッケーだという、目安は何かあるんですか?

古賀　目安はやっぱり味ですよね。味と肉の堅さ。そのころには大体油もアクも引かれた状態。それで取れないものは、また最終的にもう一回引く。で、うちの場合、ソースの場合は油のまろみとかコクというのは、**最終的に仕上げにバター(食塩不使用)を入れる**。ある意味動物性の油脂というのはそれだけです。バターは乳化を促進させるし、鮮度のいい新鮮なバターだから、最終的に風味もいいし。

それが油代わりです。

―― つくり始める前に着地点を明確に持つ ――

古賀　別にカレーに限らず何でもそうですけど、結局同じことをやっても同じものはなかなかできない。そこの神髄が分からないと難しいですよ。これってすごい大事でしょう。もっと極端に言えば、料理って誰でもできるんです、言い方は悪いけど。歌とか絵と一緒。でも、人の心を感動させる絵を描ける人が何人いるのか、人を感動させる歌を歌える人が何人いるのか。努力も修業も技術も必要で、そのうえで、最終的には気持ちでしょう。ハートが相手に伝わるわけじゃないですか。

―― ジャズのスタンダードナンバーだって、楽譜は世の中に出ているわけですから、弾こうと思えば誰でも弾ける。

古賀　歌だって、それなりにうまければ誰でも歌えるわけです。でも、聴いていて感動しない歌と、何回聴いても感動する歌ってあるじゃないですか。歌っている人の持ち味は、そんなに簡単にまねできないでしょう。

―― ここのカレーのレシピが公開されていたとして、それをまねてつくった、いわゆるカバーソングみたいなものを誰かが歌っていても、やっぱり古賀さんのとは違うとなるわけですね。

古賀　私と同じ感性と感覚を持っている人がつくり方をしっかり聞いてやれば、ほとんど近いものはできるかもしれません。でも、**やっぱり味というのは、そうですね、例えばパラシュートですから、着地点が決まってないとそこに降りられないじゃないですか**。だから、いかに自分が一つ一つの料理に着地点、良しとする着地点を持っているかですね。この味だったらオッケーだけど、ここから外れたらオッケーじゃないよ、という。それは何かというと、自分がゴールというものをしっかり持っていないといけない。つくってみた、一生懸命つくった、できた、それなりにおいしい。そうじゃなくて、逆に、この味じゃなきゃ駄目だ、という自分のつくりたい味を持ってなきゃいけない。カレーだったらこの味、ハヤシだったらこの味。歌だってそうじゃないですか。作詞作曲しながら歌っても、「違うな。こうじゃなくてそこ」とかって、人が聞いても何がそこか分からないけど、本人は自分の中で「この音を出したい」とか「こういうふうに歌いたい」とかいうものを持っている人じゃないといいものはできない。

――　カラオケボックスの世界になってくるわけですね。歌詞カードがあって、曲が流れれば誰でも歌えますからね。極端に言えば、おいしいカレーをつくるためにレシピはそれほど重要じゃないと思うんです。それよりもつくる前にでき上がりのイメージをできるだけ明確に持つことのほうが大事。そうすればうまくいかなくても振り返って反省ができるから上達が早い。着地点という捉え方はすごく分かりやすい。パラシュートが着地点以外に落下したらまずいわけですよね。太平洋の上とかに降りてしまったら大変だ。

古賀　そうですね。でも、それは誰にも言わなければ、食べられる範囲であれば「ああ、オッケー」ってなるわけです。

――生存できればオッケー、みたいな。

古賀　でも、それをオッケーとするかしないかはつくった人間が決めることです。例えば私が自分のスタッフに任せるとするじゃないですか。その人間に任せられるかどうかというのは、つくらせる人間が決めるわけでしょう。私が自分の着地点の範囲内でできるやつだなと思ったらやらせるけど、そうじゃなければやらせない。同じことをやっても、お客さんからしてみたら全然違ったものになるから。調理法が同じでも味は違うことになっちゃう。

――古賀さんにとってのカレーというのは、いわゆる日本のカレーライスとかインドのカレーとかそういうカレーという概念とは全く別のところにある。お店の実力というか、それを味わってもらうためのものだと。

古賀　フランス料理を愛してほしいというか、分かってほしいということが原点ですね。別にカレーを流行らせたいわけじゃないし、俺のカレーはうまいだろって言いたいわけでもないし。**要するにフォン、ブイヨン、だしというのは、これだけおいしいんですよということを伝えたい**。レストランってもともとは最初はスープを売っていたんです。だから、スープが味の原点ですよね。それがベースでいろんなものが派生しているわけです。だから、フォンと言うんです。フォンというのは「基盤」とか「元」という意味もあるんです。

――なるほど。お店にランチに来て、カレーを食べるお客さんが、それと同じぐらいの頻度でコンソメなりスープを頼んでくれるんだったら、別にカレーを出さなくても大丈夫なわけですね。

古賀 そういうことですね。

――ありがとうございました。

〔インタビューを終えて〕

Interview with Yoshihide Koga

足しておいしくするのは簡単だ。でも引いておいしくするのは難解である。カレーづくりを突き詰めていくと、いつか必ずこの考え方に行き着く。そこでつまずくか、そのハードルを越えられるか、この差は大きい。「カレーは引き算の料理だから調味料や甘味料に頼らない」と古賀さんは言い切った。

捨てるべきものを捨てたうえで注力しているのは、「いかにおいしくフォン、だしを取るか」。野菜はオーブンで焼いて甘みを出してから、煮込んでだしを取る。肉を焼いた時に出る脂にうまみという意識は持っていない。油脂分は酸化する、料理の味を変える、体が受け付けなくなる。だから調理過程で出たアクも油脂分も徹底的に取り除く。その代わり、必要な油脂分は仕上げのバターで補う。当たり前のことのようにさらりと出てくる発言にいちいち感心しているようでは僕もまだまだだと思った。

味の着地点を持って調理するべきだ、という点だけはいつも心がけていることだった。僕はもっとフランス料理を知りたい。まだまだ料理の勉強が足りない。努力が必要だと痛感した。

奥義

08

KALUTARA
カルータラ

横田彰宏

よこた・あきひろ　大阪市生まれ。1991年から大阪ヒルトンプラザのスリランカ料理店・pahana（パハナ）のマネージャーとして勤務し、スリランカ料理に傾倒。独学で料理を学び、98年に現在の店をオープンし、現在に至る。

Interview with Akihiro Yokota

「シンプルな調理に宿るテクニックとは?」

「スリランカカレーにテクニックなんて存在しないんですよ」。あるインド料理シェフがそう言ったのを聞いたことがある。もしかしたら、そうかもしれないと思った。一定のルールに基づいて手順を踏んで調理するインドカレーに比べて、スリランカカレーのつくり方は、確かにボヤッとしている。

スリランカカレーがスリランカカレーたるゆえんは、特殊な材料にあると思う。香ばしいローステッドカレーパウダー(注37)、香味あふれるランペ(注38)、かぐわしいセイロンシナモンなどなど。食材やスパイス自体が持つ実力でおいしくなっているカレーに、特筆すべき技術が存在しないと感じるのも無理はない。

今、大阪で〝スパイスカレー〟と呼ばれるジャンルが盛り上がっている。そのエッセンスの一つにスリランカカレーへの注目もある。僕が「カルータラ」に注目したのは、開店当初だったと思う。少々失礼な言い方になってしまうが、当時、「大阪にこんなにうまいカレーがあるのか!」と驚いた。以来、僕にとっては今でも「大阪のうまいカレー=横田さんのつくるカレー」であり続けている。

シンプルな調理だからこそ実力に差が出る。素材の持ち味が仕上がりを左右するからといっても、そこにテクニックが存在しないはずはない。話を伺う前から弱音を吐いてしまうが、答えは簡単に見つからないのかもしれない。それでも僕は、見つからない答えの中にヒントを見つけ出したい。

ー何もしないでつくるカレーー

――スリランカカレーの魅力はなんですか？

横田 **ストレートな味わい**、ですね。インドのはちょっと変化球でグニュグニュッときてる印象やけど、スリランカのはスパッと入ってくるんで。

――なるほど。切れ味がいい。

横田 そうですね。それは思います。ただ、最初のうちは口に合わなかったです。なんじゃこれは、って。辛くて食べられへんわ、というか。仕事でスリランカに3か月間住んでたんですが、日本で知り合ったワサンタさんというスリランカ人の家にメイドさんがいっぱいおるんです。チャンドラーという料理をするメイドさんにつくってもうたけど、やっぱり食べられへんかったですもん。実は最初に日本でスリランカカレーを食べて、おいしくないものやと思ったままスリランカに行ってるんで、「えー、これは無理やな」言うて。エビのカレー食べたけども、辛くて食べられなくて。これはあかん、思って。

――ジワジワ好きになってきたみたいな感じなんですか。

横田 料理のほうはね。現地で「カレーボウル」いう店に連れて行ってもらって。よう流行った店でいっぺん行こうと思ってたんです。おいしかったんですよ。自分でもビックリするほどおかわりしましたね。お店の味やったんでしょうね。塩もスパイスも。向こうは一発目においしいと思わさなあかんので。

――じゃあ、わりとはっきりしたおいしさがあったんですね。

横田 家庭料理も「うーん、そんなおいしないな」と思ったけど、自分で店をやりだしてからは家庭料理のカレーも改めてすごいと思いましたもん。

――自分が調理するようになって、味に対する感覚が変わったんでしょうか。

横田 それはあると思いますね。エーッ、こんなおいしかってんや、って。

――そうですか。で、店をするようになる前に、スリランカで初めてつくり方を教えてもらった時は、わりとスッと入ってきた感じですか？ それとも結構難しいなと？

横田 スッと入ってきたほうですね。そんな難しないんでね。向こうはほんまに土鍋に材料や調味料を全部入れて、きつめに火を入れて。それであんな味出るんで、それはビックリしましたね。けど、たまねぎも日本のものとはちゃうし、日本でこの味を出すためにはよう考えなあかんなと思って。1998年にこの店をオープンしてるんです。「スリランカって何？」いうような時代やったんですね。

――すごいザックリ言っちゃったら、鍋に材料を全部ぶち込んで強めに火を入れて炊いたらできちゃうようなスリランカカレーは、見よう見まねでやればできますか？

横田 できないです。

──　なぜでしょう?

横田　ビックリしたんが、カルータラに住む友達夫妻を9年前に日本に呼んだんです。家にあるココナツミルクのパウダー、ランペとカラピンチャ(注39)と、塩も日本の塩。**すべて自宅にあった日本で手に入る食材を使ったんですけど、その奥さん、一発で自分の味を出しましたからね。**

──　普通に考えたらおかしいですよね。

横田　旦那さんが見たのは最後の塩だけ。ペロッとなめて「オッケー」って言って出してくれたら、私がスリランカで食べてた奥さんのお料理なんです。

──　すごく複雑にいろいろ構成されたテクニックというか、手順でできた上がるんだったらまだしも、バッと入れて火にかけるような、漠然と見ていればそういうふうに見えるものが、どこで差が出るんでしょうか。日本人でインド料理屋さんをやっているシェフたちも同じ経験をしています。全く同じ材料で同じ道具で、よーいスタートでつくっても仕上がりの味が全然違う。本当に腕のいいインド料理シェフには全くかなわないんだと言う。

横田　やっぱりそうなんですか。

──　理由が分からないと言うんです。だって、真横でやってるんですもんね。で、同じところからスパイス取って、同じ量だけ油を入れてやっているのに。

――火力とタイミングが味を決める――

――火の入れ方にポイントがあるんでしょうか？

横田 火は見てるんですよ。**強火の加減と混ぜ具合**やと思うんですけどね。

――あの人たちは感覚でやっていますけれども、例えば木べらの動かし方一つ取っても違うんですよね。意味があって動いているんだと思うんです。それともタイミングが味を決めているという部分もあるかもしれませんね。

横田 そうなんやな……。**ココナツミルクを入れ始めるタイミング**とかは結構見てたんですけどね。そういえば奥さん、土鍋じゃなくてアルミ鍋でつくりましたからね。「へえ、こんなんでできんのや」と思って。ほんまガクッときました。タイミングを計るのに肉の柔らかさとかもあるんじゃないですか。混ぜるのも、そない大きく混ぜたのは2回しかなかったですもん。グイーッて。グツグツいうたところで2回グーッと混ぜて、いっぺん見て、またもう一回混ぜて、2回ぐらいしか混ぜてないですね。

――でもそれでいったら、2回混ぜるタイミングと混ぜ方だけ横田さんが習得すれば同じ味が出せるはずですものね。

横田 そこにポイントがあるんであればね。その部分だけであれば。それもっと言うたら、いつもスリランカの友達のところは薪で、火なんかムチャクチャ強いですねん。ガーッ燃えてるところでやってるんですよ。

——でも、カレーをつくる時に、**火力のコントロールってとても大事**じゃないですか。

横田　私もそう思います。

——火力の設定だって結局、火がどの距離で当たっているかとかにもよる。だから、鍋が動いたりずれたり——それは動かしたりずらしたり上げたりすることで当たる火力が変わるので。やっぱりできる人たちはそれを意識せずにやってるんですよね。「中火で10分」ってレシピにあるとその設定が目的になっちゃうんですよ。でも、本当の狙いは、鍋の中身がこんな状態になるまで、ということなので、ゴールテープはそっちに用意されてるはずなんです。何かを加える手前がいったんの中継地点だとすると、そこにできるだけ正確にたどりつくために火力をコントロールできているんだと思うんですよね。それがもしかするとその奥さんはすごいのかもしれない。

横田　そうですね。私が今まで食べた中で一番おいしいチキンカレーがあるんですね。お邪魔した知人宅の家庭料理としてつくられたものですが、ゴラカ(注40)が入ってたんです、チキンカレーに。初めて食べた時、へえ、って、ビックリしましたね。あまりにおいしくてガクッときて。だから次にスリランカへ行く時に見せてもらいます。ちゃんとはかり持っていって、絶対目分量なんで、元から減った分を私は量ってこようと思って。

――友達の奥さんが、横田さんの家でつくったチキンカレーの手順を覚えていますか？　どういう感じなんですか？

横田　アルミ鍋に、私のところにあったサラダ油を入れて、たまねぎをちょっと炒めて水分を飛ばしていたんですね。ほんで、いっぺん火を止めて、肉を入れてスパイスを入れて、また火を入れてソテーして、水を加えて、結構強火やなと思って見てました。エッ、ちょっとやるな、いうぐらい。ほんで、最後にココナツミルクを入れて、塩だけ味見してもらって。塩も家にある塩をピョピョピョって入れただけなんで。

――材料は、にんにく、しょうが、たまねぎ、肉、スパイス、水、ココナツミルクですか。

横田　あとはローステッドカレーパウダーと普通のカレーパウダーと。

――本当に恐ろしくシンプルじゃないですか。それでおいしいカレーができちゃうんだったら、カレーって一体何なんだろう。いろんな手順のカレーが世の中にありますけれども、ササッと炒めて水入れてグツグツやってココナツミルクを入れたらでき上がりなんて。プロセス上、そこには一見何のポイントもなさそうですもんね。そのカレーがおいしくなる。

横田　日本のたまねぎは水分が多いから炒めますけど、向こうでは材料を一気に鍋に入れて火にかけるだけ。時間もすごい短時間なんで。

――そうするとスリランカのカレーの正解は何なんでしょう？　ストレートな切れ味みたいなこと

はあるとして。だしのうまみが効いていてご飯に合うから日本人には相性がいいんじゃないかとかって言う人がいます。でも、例えばモルジブフィッシュ(注41)は、ごく一部のカレーにしか使われていませんよね。

横田 そうですね。チキンカレーには使ってないですよ。どこかにあるかもしれないけど、私の友達のところはないですし。

―― ゴラカは風味は出ますが、だしは出ませんからね。多分、カレーって一般的には足し算の料理というふうに思われていると思うんですよね。スリランカのカレーは足し算を放棄して、とにかくシンプルにつくる。

横田 土鍋にたまねぎ、ちょっとライムで揉んだ肉を入れるでしょう。スパイスをその上からボンボンボン、そしてお塩。「トマトは?」って聞いたら「どっちでもいいけど、じゃあ、ま、入れようか」って言って、シュッシュシュって切って。カラピンチャをズリズリズリ、ランぺもザッザッ。水を入れて、ガーッて火を入れて。ソテーもしないですもん。アクも出てるけど引かずにそのままグリグリグリグリ。

―― ますます謎ですね。

―素材の適性を見極める―

――横田さんが「カルータラ」のカレーをつくる時に、スリランカで教わっていることからアレンジしている部分はいくつかありますか？

横田 あります、もちろん。いっぱいあります。うちのカレーは順番から行くと、鍋にオイルを入れますやん。それからフェヌグリークシード[注42]一つまみ。マスタードシードを入れます。で、ちょっとはじけたら炒めたまねぎ入れます。

――炒めたまねぎは何％ぐらい水分を飛ばしてるんでしょうか。

横田 50％ぐらいですね。それからにんにく、しょうがのペーストを入れて、ちょっと火を入れますやん。ホールトマトをミキサーにかけたものを入れますやん。次にスパイス。で、チョロチョロっと混ぜて、そこに鶏肉を加える。それでそこでクツクツクツって水が出始めるのと、ちょっと鶏肉が堅くなるのをずっと見て、そこでやっと次、熱湯。はよ沸かしたいんで水ではありません。加えてからものの10分で沸騰してきます。思いっきり火が強いんで。そうしたら、結構グーッと火力を落として煮る。**19分目でココナツミルク。沸騰してから26分で終わり。きっちり同じことを毎日やってます。**

――それは同じ味にするためですか？

横田 そうです。足らん分は仕上げに塩を足しますけど。基本的に一度につくる量が多いんで、ブレも少ないですけど、できるだけ同じことをして、どんなことをしたらどこが変わってくるんかを知りたいんです。やっぱり肉の味が違うと仕上がりの味も変わります。

――プロセスを均一化したら、差が出るのは素材の味になりますよね。

横田 あれだけ同じことしてるのに。

――そうですよね。もう完全に癖がついているから、ちょっとした加減も多分変わらないわけですからね。他には何も入らないわけですよね。砂糖を入れるとか。

横田 私は、甘みは入れてます。現地では入れてませんが。**日本人には苦みとか辛みとか、甘みが要るんです。**私はそう思います。ほかには、スリランカでは最近ちょっとうまみ調味料を入れる家もあります。

――ああ。うまみ調味料はインドでも聞くようになりましたね……。でも、やっぱり驚くほどシンプル。素材の味が違うということもあるんでしょうけれども、横田さんの家でスリランカの奥さんが同じ味を出している以上……。

横田 そうなんですよね。素材ではないんですよ。そうなったら、火を強く入れた時の肉の煮込み方とココナツミルクを加えるタイミングの状態が違うんちゃいますか？　考えなきゃいけないのは多分そこ。

――素材の味わいと、それによる調理の特性を見極める力が必要なのかもしれません。それによって、横田さんのやり方でいう「19分」と同じようにその奥さんにとっての「19分」があるわけですよね。多分タイミングが。ここでココナツミルクいくっていう。

横田　油浮いてきてもうそろそろやなとか、もっとそこの油の浮き方の、浮いてからちょっとどのぐらいかいうのがもう分かってるんでしょうね。それしかないですね。

――そうですよね。インド料理の人たちも基本的に煮込みの完了は油が浮くというのを結構目安にしているんですよね。スリランカでもそれは同じ。ココナツミルクは、早すぎても遅すぎてもいけないということですか？

横田　私が現地で見る限りは終わり近くに入れてるんで、ココナツミルクのフレーバーを生かすということですよね。生を使うんで、余計に違うものになってまうんちゃいますかね。もし生のものを火にかけたらどないなるかいうのを考えると。あまり早く入れへんのがいいんでしょうね。

――じゃあ、結局スリランカのチキンカレーができ上がるまでに一番大事なポイントは、肉の煮込み具合と、ココナツミルクを入れるタイミング。そこだけで意外とすごい差が出たりするんでしょうか。通常のカレーというのは、完成するまでに通過ポイントがいくつかあって。その数が多ければ多いほど、上手な人と下手な人の差が出るんです。通過ポイントが例えば5個あって、90％の出来で続けたら計算上は、59％まで下がることになる。でも、スリランカカレーの場合は、プロセスが恐ろしく簡単だから差が出ようがないんですけど。逆に言えばシンプルな分だけコツが一番難しいカレーかもしれないですね。

――ローステッドカレーパウダーの魅力――

――カレーパウダーも、普通のカレーパウダーとローステッドを使うじゃないですか。そのローステッドカレーパウダーという存在自体がインドにはありませんからね。スリランカ以外の場所で、多分カレーをつくる時に、ローステッドのあんなにこんがり色づいているものを使うというのは聞いたことがありません。つくるカレーによって普通のカレーパウダーとローステッドの配合は変えますか?

横田　変えます。ほとんどのところは、ローストじゃないカレーパウダーは、「ちょっと入れたらおいしいやろ」っていうぐらい。**基本的に使うのは、ローストしたカレー粉だけなんです。**

――でも、ローストって結構苦くないですか?

横田　いろいろあると思いますね。うちで使ってるのはこれです。

――ああ、いい香りがする。何だろうな。コリアンダーが多いのかな。

横田　もちろんコリアンダーが多いですけど。これ、いいにおいするでしょう。**いろいろな種類があって店によって全然香りが違う**んです。うちはこれですね。

――ちょっとと言うと8対2ぐらいローステッドが多く入るということですか?

横田 9・5対0・5ぐらいです。普通のカレーパウダーは、チョロッと入れたらおいしいやろな、くらい。

――じゃあ、ローストしてなかったら全然味は出ないんでしょうか。

横田 それはそれでまたおいしいんです。あと、**ローステッドチリも使います**。

――僕はチリの香りが好きなんですよね。あらかじめローストしてるから、鍋の中で炒めたりしなくていいということなんですよね。インド料理は基本的に粉のスパイスを入れたらそこから結構きっちり炒めるんですね。

横田 粉をですか?

――そうそう。このローステッドカレーパウダーというのは、スリランカカレーを簡易的に仕上げるために生まれたツールなのかも。

横田 それはあると思います。マスクドゥというのがまたあるんです。マスが肉のこと。そして、クドゥはパウダーなんです。肉用のパウダー。そこにはカレー粉が入ってます。ほんならマスクドゥとローストのものとどう違うの?と言ったら、みんな「ちゃうねん」としか言わない。ほんまにその程度なんです。

――モルジブフィッシュは店ではどのカレーに使ってますか?

横田　豆のカレーの仕上げのテンパリングの時しか入れてないです。

――モルジブフィッシュは肉のカレーには使わないわけでしょう?

横田　入れないです。見たことないです。

――僕の知っているスリランカ人シェフも「モルジブフィッシュは野菜カレーにしか使ってない」と言ってました。それにしても、スリランカのカレーは日本人の味覚に合いますよね。

横田　いやー……。合いますよね。

――他のカレーでやってなくてスリランカカレーだけでやっていることというのは、おそらくローステッドカレーパウダーと、あとランペぐらいですよね。ランペは他のところでは使わないから。僕の知る限り南インドでもあまり使わないですし、タイではパンダンリーフと呼ばれてますが、タイカレーには使わないですからね。

横田　あと、スリランカの友達のところも、セイラ――セイラはレモングラスのことなんだけど、ほとんどのスリランカ人は抜いてますね。**カラピンチャとランペはほぼ間違いなく何にでも入れるんですけど。**

――でも、カラピンチャは南インドでも散々使いますからね。

横田　スリランカでもよく使いますね。あとは油の味が全然違います。酢もスリランカはココナツビネガー、私はライスビネガーなんで、それも違う。

――酢はどこに入るんですか？

横田　水を入れた時にちょっと。

――隠し味的な感じですか。最初に鶏肉にライムを搾っておくみたいなことに近いのかもしれませんが、味にそこまで影響しないですもんね。

横田　しない、しない。**スリランカでは土鍋でカレーをつくるんで、土鍋からいろんな味が入ってきてる**というのはあるかもしれません。日本でも例えばすっぽん料理店の土鍋って、結構すっぽんの味が染みついてますやん。

――エキスが出てくるんでしょうね。そうか、要素の一つとしてはあると思うんですよね。じゃあ、スリランカでは土鍋が本当に主流なんですか？

横田　はい。土鍋には、ゴラカの風味とかもついているはずですね。スリランカのの土鍋って真っ黒なんでね。

――おそらく世間でカレーと呼ばれているものの中で、スリランカカレーが最もシンプルな材料と手順のはずなんです。ということは、もしかしたら逆に言えばスリランカカレーが一番難しいかもしれないですよね。本当にちょっとしたことで味が変わったりするのかもしれない。どう考えても、鍋に材料入れて水で炊くだけでおいしくなるとは思えないですもんね。そんなことができちゃったら、もう日本全国の人が大喜びしますよ。ちょっと僕も改めて試作してみます。

横田　ぜひやってみてください。

――ありがとうございました。

インタビューを終えて

Interview with Akihiro Yokota

スリランカカレーは不思議な存在だ。「ストレートな味わいに魅力がある」と言う横田さんから教えてもらったつくり方もまさに「ストレートそのもの」だった。土鍋に材料をぶち込んで火にかける。あとは何もしない。30分後にはおいしいカレーができ上がっている。魔法のような話じゃないか。

おいしいカレーには、苦みや辛みとそのバランスを取る甘みが必要。ローステッドカレーパウダーが香りの決め手。店によって配合がすべて違う。カラピンチャとランペは、ほとんどのカレーに入る。それ以上は何もない。

スリランカカレーは土鍋でつくるから土鍋からいろんなエキスが入るんじゃないか――無理やり説明しようとすれば、そうも言える。でも、きっと決め手はそこではないのだろう。おそらく火力のコントロールと混ぜ具合、ココナツミルクを加えるタイミングにあるのだろう、といったん結論づけてみる。横田さんから聞いた通りの方法でチキンカレーをつくってみた。信じられないくらいうまかった。そして、また頭の中が混乱した。

奥義

09

ナイルレストラン

ナイル善己

ないる・よしみ　1976年東京都生まれ。東京・銀座のナイルレストラン3代目。95年に東京都内のイタリア料理店にて修業をスタートさせ、96年にインド・ゴア州の五つ星ホテル「シダ・デ・ゴア」にて研鑽をつむ。帰国後98年からナイルレストランに勤務し現在に至る。

Interview with Yoshimi Nair

「スパイスから生まれる香りを操る方法とは？」

正直に言って、ナイル善己という男に対しては少々の嫉妬心がある。なぜなら僕がカレーにおいて特に重要視しているプロセスについて、非常にいい“腕前”を持っているからだ。それは香りの立たせ方である。同世代の仲間で何度も一緒に調理をしたことがあるからこそ痛感している。

スパイスはそれ自体が強い香りを持っているから、ただ加えるだけでもそれなりに機能する。ところが使う人が使えばまたたく間に香りは倍増するわけで、つくり手によって圧倒的に差が出るポイントでもある。特にインドカレーにおけるスパイスの香りは、自転車におけるタイヤのようなもので、あれがなければ成立しない。

スパイスの香りを操る方法の中で、仕上がりを左右する要素の一つは、火入れである。鍋中の火力をコントロールして、メリハリの利いた風味をつくるためには、意識や経験、実力を兼ね備えていないといけない。そのことは僕なりに分かっているつもりだ。それを踏まえたうえで、彼のつくるカレーには時折、想像を絶する香りを感じることがある。

カレーの香りはどうやって生まれるのだろうか。スパイスをどんなタイミングでどう扱えば理想に近づけるのだろうか。「ナイルレストラン」には、南インド出身の腕利きシェフが何人もいるから、彼はスパイステクニックの多くを店で学んでいるのだろう。その一部だけでも吸収してみたい。

―仕上げの香りがカレーの印象を決める―

――ゴア[注43]に1年修業に行く前と後で、何が一番変わった?

善己 まず、やっぱり行く前は、インド料理のことを全然理解してなかったんですよね。うちの店にあるメニューしか分かってなくて。うちのメニュー構成は若干変わってるからインドに行って通用しない部分も結構あるんですよ。インドに行ったら本当にゼロからのスタートみたいな感じで……。向こうに行って覚えたのは、ファイブスタークラス、高級ホテルの料理で、最高峰が出ているわけじゃないですか。そこへ行って面食らったというのはあるんですよね。僕が南インド料理を覚えたのは、「ナイルレストラン」に入ってからです。うちのシェフがみんな南インド出身ですから、僕にとっては最高の先生たちが付いているわけですよ。そこから毎日毎日吸収していくので。

――彼らから教わったことは?

善己 **食材が大事で、例えばケララ料理[注44]なら、ココナツオイルじゃないと現地の味が出ない。あと、南インド料理でカレーをおいしくする最大のポイントは、テンパリング。**これはシェフのラジューに教えてもらった。南の人は、見ていると、最初にホールスパイスをあんまり入れないですね。最後に加えて。僕、今までカレーリーフとマスタードシードと赤とうがらしを加えればいいものだと思っていたんですよ。実際南インドでも、ホテルではカレーリーフ、赤とうがらし、マスタードシードを炒めたものをストックしておくんです。注文ごとにかけるガーニッシュ(注45)的な感じで最後ペロッとかけて乗っけると見た目がきれいになるし、雰囲気づくりにもいい。ラジューに教えてもらったテンパリングは、さらにそこにみじん切りのたまねぎとカイエンヌペッパーパウダー、ヒング(注46)を加える。そうしたら香りが全然違うよって言われて。

――イベントでつくってくれたチキンカレーとかもパプリカとカイエンヌペッパーの香りがものすごかった。あれはいまだに忘れられない味だよ。

善己　カシミールチリがなかったからパプリカで代用したんですけど、たまねぎと一緒にテンパリングすると香りが立つんですよね、香ばしくなるし。別にあれっぽっち入れるだけでたまねぎのうまみなんて絶対出てないけど、でも、なんかうまみが引き締まるんですよね。カイエンヌペッパーも、辛みではなくて香りづけ。結局インドの人って、辛みの基本は青とうがらしじゃないですか。カイエンヌペッパーって言うほどみんなそんなに使わないんですよね。だから重要なのは、**青とうがらしで辛みと香りをつけて、香りづけに赤とうがらし、乾燥したものを使う**というのを覚えましたね。

――サンバルもつくり方が独特だよね。

善己　インドでも日本でもサンバルって大体みんなシャバシャバなんですよ。聞くところによるとあれは原価を抑えるために水っぽくしているんですって。でも、彼らはあれじゃあおいしくないと言って、豆をハンパじゃなく入れるんです。ドロドロのサンバルを食べてます。それを賄いで食べておいしくて、つくり方を教えてもらった。だから僕のサンバルのレシピは、「ナイルレストラン」のメインシェフであるムットゥーのレシピです。よくみんなサンバルパウダーをつくるとか言ってるんですけど、あんなもの全然要らなくて。豆とタマリンド(注47)とテンパリングがあれば普通にあの味が出ちゃいますね。

——なるほどね。じゃあ、仕上げに香りを立てるということは本当に大事なんだね。カレーの印象はそこで決まる。

善己 南インドにおいてテンパリングはマストじゃないですかね。辛みの香りって、あんまり火をガチャガチャ入れてると抜けちゃいますからね。

——まあ、そうだよね。だから、北インド以上に香りを重視しているのかもしれないね。

善己 だって、使うスパイスの種類は北インドより圧倒的に少ないですから。パウダーなんてほとんど使わないし。ホールも、カルダモン、クローブ、メース(注48)とかあまり登場しないので。やっぱりテンパリングの香りが重要なのかな。

——香りといった時に、**スパイスの引き立った香りと、こんがりさせた香ばしい香りと、両方の香りが入っている**んだよね。それが多分、スパイスの香りを引き出すだけではちょっと物足りないというか。たまねぎとかもそうだけど、やっぱりこんがりさせた時の香ばしい香りが必要だよね。

善己 そうですね。香ばしい香り。ホールの赤とうがらしも香ばしい香りが立ちますしね。

――真っ黒くなるぐらいに炒めたりしてね。

善己 そうそう。にんにくもそれに似てますけどね。香ばしい香りを引き出すというのはかなり重要ですよね。辛み自体もやっぱり時間とともに抜けるじゃないですか。だから、ああいう香ばしい刺激は多分抜けやすいんじゃないのかな。

――そうか。辛みも香りも両方ともはかない。ところで、調理上心がけていることは何かある？最後にテンパリングさえすればどんなカレーでも魔法のようにメリハリの利いた味ができるわけじゃないから。

善己 やっぱり、最初に使う油をビビらずにそれ相応の量を使って、たまねぎはしっかり炒めるということ。北インドの場合はわりとこんがり炒めるじゃないですか。南の場合は、基本はあんまりみじん切りにはしないでスライスにする。ケララの赤たまねぎは小さいんですよね。小さいからみじん切りにしづらい。せん切りにしても普通のせん切りの3分の1ぐらいの大きさになるんですよ。その大きさに合わせて、にんにく、しょうがも細切りにするんですよね。**結構な強火で炒めるんですけど、角はカリッと炒まるんだけど中は水分が残っているんです。きつね色ではないんですよね。わりと強火で、表面だけ焦がしてこんがりした香りをつくる。**北インドの場合はたまねぎと加えた水分がなじむようにするじゃないですか。南インドの場合はなじませる必要がないので、たまねぎがサラサラに仕上がるんです。だから、せん切り状態のものをサッと炒めて、香りを立たせたら、水分を加えて煮込むというのが多い。だからシャバシャバのカレーができ上がる。

――どの段階でもそのつど、香りはきっちり立てているんだろうね。

善己 だから、火入れの力強さが重要ですね。そこそこの火力じゃないと、味、色が出ない。そうするには、やっぱり油がしっかり入ってないと焦げる。フッ素樹脂加工の鍋を使ってチョコチョコやっているようじゃできないんですよね。アルミの鍋でやらないと。

――野菜はスパイス、香りの素（もと）――

――粉のスパイスもわりとしっかり炒めるよね。

善己 炒めますね。僕が教わったのは、**炒めるとまず苦みが消える、その後炒めた香りが立つ**――ということで、少し炒めろというのを言われましたね。でも、そこで加えるスパイスは、カイエンヌペッパー、コリアンダー、ターメリックぐらい。

――本当に南インドで使うパウダースパイスは、その3種だけでいいぐらい。

善己 スタータースパイスでよく使うのは、フェンネルシード(注49)ですね。そこでたまねぎをサッと炒めたら、スパイスを加えてまたサッと炒める。その後またトマトを加えて炒めるんだけれども、トマトはそんなに炒めない。形が残るぐらい。その後、水を加えて一気に強火で沸騰させたら、煮込んでいくんですよね。で、油と水分を乳化させる。それで、でき上がったグレービーに具材を加えて煮る。

――トマトはつぶさない、要するに、加える食材は加熱して香りを立てるけれど、つぶしてうまみを凝縮させるとか、濃縮したおいしさをつくるとかっていうことはしないわけじゃない。だとすると、どこでうまみが生まれるんだろう。

善己 やっぱり具材ですよね。魚の骨から出るだしとか、タマリンドとか、ココナツを加えて。

――素材からうまみが出るのはその通りなんだけど、いい素材を使えば誰がつくってもおいしくなるわけじゃない。素材とは違うところにもおいしさを生むポイントがあるはずだと思うんだよね。

善己 レストランで出すメニューって、多少メリハリが必要じゃないですか。おいしく感じなきゃいけないので。味が濃くなきゃいけないから、塩と油は通常より多めです。うまみを感じるのはそこなので。スターターの炒め油もあって仕上げのテンパリング用の油もあるから、**南インド料理は主材料が野菜、魚だったりするから一見ヘルシーに見えるけど、実は結構油が入っているんです。**パウダースパイスの分量も「えっ、こんなに入れるの？」というぐらいたくさん入れますね。コリアンダーパウダーなんかワッサーッと入れるし。あとは、香菜も結構大量に入れると味が出るので。

――煮込みについてはどう？

善己 肉系はカレーのベースと一緒に煮込むものだと思っていたら、意外とそうじゃなくて、しょうが、ターメリック、塩を加えて、下味がつくように別にボイルしたものをベースとあえるんですよね。

もちろん煮汁も少しは加えますよ。もったいないから。でも、意外と別なんです。

――もしかしたら、それは香りを飛ばさないようにしているっていう狙いがあるのかもしれないね。だって、ベースのマサラと一緒に肉を1時間煮込んだら、1時間煮ている間ずっと香りが飛んじゃうじゃない。考えてみたら、塊の肉を長く煮込まなきゃいけないのは、肉のだしを出しつつ、肉を柔らかくするためだから。煮汁さえ無駄なく使えればいい。

善己　うちのシェフは余計な油分を落としたいというのも言ってたんですよね。香りを飛ばさないための一つの調理方法でもあるのかもしれないですね。

――例えばチェティナードマトン(注50)は、マトンをホールスパイスとお湯で煮ておいて、別鍋にホールスパイスやたまねぎを炒めてから柔らかくなったマトンを煮汁とともにジャーッと絡め合わせて仕上げる。だから、すごい香りが立つわけ。すべての料理は油でスタートするけれども、油にも香りがあるし、スパイス以外に加える食材も、基本的に全部香りが加わるわけじゃない。その、香りを時系列で重ねているっていう感覚をインド人のシェフは持っていると思うんだよね。いわゆるホールスパイス、パウダースパイスというものを投入した時だけ鍋の中に香りが加わるって思いがちだけど、鍋に加えるすべての素材は本来、すべて香りを持っている。さらにそれらの香りを加熱によって引き立てている。

善己　それはあります。青とうがらしなんか最たるものです。**青とうがらしがないと話にならない。**

ないとししとうがらしで代用しますが、それもなければうちはピーマンを入れちゃいますもん。グリーンの香りをつけるために。辛みは出ないけど。だからそういう意味で、彼らはやっぱり香りという意味で野菜を加えていますよね。にんにく、しょうがもいわゆる香味野菜と言われているものだから、やっぱり香りですよね。香りを引き立てるためにも炒める。

―食べるスパイス、食べないスパイス―

――仕上げのテンパリングが南インド料理の特徴だとして、そうはいってもにんにく、しょうがとかグリーンチリとか、前半戦に炒めるスパイスもあるわけじゃない？　それと後半戦にテンパリングで加えるスパイスは、どういうルールで差別化しているの？

善己　多分、インド人はそれをルールとしてやっていないんだと思うんですよね。ただ純粋に香りを飛ばさないように最後のテンパリングでやって。

――**最初に入れた香りはある程度全体になじむ。最後に入れた香りは印象深く残る。**

善己　そうですね。だから、すぐ食べないと香りが飛んじゃうので、わりとできたてを供する。だから、立たせたい香りは、ギリギリに加えるということなのかな。でも、前半で使うフェンネルなんていうのは、香りも立つけど、あれはかんで初めて味が分かるものだから。

―― そう、それがあるんだよね。かんだ時にパッと来る。これは今までカレーやインド料理の世界でほとんど触れられていないことだけれど、**ホールスパイスには2種類ある。食べるスパイスと食べないスパイス。**本来、食べるスパイスはかんだ時に生まれる香りを考慮してカレーづくりを設計しなくちゃいけない。

善己 そうですね。カレー全体というよりは、口の中で広がる香りなので。多分、スパイスを鼻で香るものと食べて香るものという分け方をしているような気はしますね。

―― フェンネルをかんだ時の香りは鼻から抜ける香りで、テンパリングをしたカイエンヌペッパーとかの香りは、食べる前に鼻から入る香りということ。

善己 スプーンですくった時に、口に入れる前の香りですよね。

―― そうだよね。そういうことで言うと、基本的に南インド料理の場合は、使うスパイスで食べないものはないよね。北インド料理のカルダモン、シナモン、ベイリーフは食べないじゃない。南インドってマスタードとかメティ、[注51]フェンネルあたりは食べる。赤とうがらしだって食べられるし。

善己 そもそも南インドで使う香りのスパイスって、北インドの乳製品系のカレーには絶対合わないと思うんですよね。バランスとして。南インドはわりとさっぱりして、タマリンドを使って、酸味のあるカレーとの相性がやっぱりいいから。その辺は彼らも、昔の知恵じゃないけど、そういうのは知っているんでしょうね。

――そうだよね。僕たちがコチの「グランドホテル」(注52)で食べて衝撃を受けたフィッシュカレーは、コクム(注53)の香りが結構支配的だったけど、それ以外も香りの立ち方がやっぱり違ったものね。

善己 ココナツオイルをちゃんと使っているのと、生のココナツでやっているというところじゃないかな。カレーリーフだってフレッシュだと違う。やっぱり長くダラダラやっちゃいけないですよね。さっさとやらないと。その点、インド人はわりとチャキチャキしてるじゃないですか。せっかちが多いから。カレーはせっかちな人向きなのかもしれない。

――ジンジャー、ガーリックとかグリーンチリとか、ああいう生のものをスパイスの香りが移った熱々の油にバーッと投入する時、ジャーッといって煙が立つじゃない。むせる感じ。あそこはメリハリっていうものを象徴していると思うんだよね。あの一発で何かなるわけじゃないんだけど、ああいう感覚がつくり始めて終わりまでずっと身についている人は、絶対に香りの立て方とかメリハリの利かせ方が違うと思う。

善己 確かに言われてみると、僕らもそうなんですけど、やる時には**最初のスターターの油の温度を高めにしてます**。意識的に火をしっかり入れて、結構高温にしておくんですよ。そうしたらジュワッとなるじゃないですか。あの感じは常に心がけてますね。

――ライブクッキングしていると、よく「今、火加減はどのぐらいですか?」とか火力を聞かれるんだけど、火力っていうのはとても大事なんだけど、火力のコントロールってコンロのつまみでするんじゃなくて、鍋の位置とか動きとか、あと、鍋に加えるものとかでするじゃない。だから、極端に言えば煮込みの手前まではずっと同じ強火のままで全然いい。加える食材や水で火力のコントロールができるから。

善己　僕らの厨房だと火力が大きいから、いちいち細かくそんなにしょっちゅうは変えない。入れる**食材もスパイスも、火の通りやすいものとか焦げやすいものとか香りの抜けやすいものっていう順番で入れてる**んだと思うんですよね。基本は。

――あと、あれはどう？　南インドだとやっぱりチャナダール(注54)とかウラドダール(注55)をスパイス的に入れるじゃない。炒めたりとか。あの感覚はどういう感覚なのかな。

善己　あれもやっぱり香ばしい香り――豆の香りをつける。純粋にそれだけですね、あれは。

――あんな微量で、別に豆の味は影響しないもんね。だから、香ばしい香りが上手につく石ころとか、もし誰かが開発したら……。例えばホールチリ系の香ばしさが欲しいですか？　とか、オニオン系の香ばしさが欲しいですか？　とか。それを鍋にポンポンと入れると一気に香ばしい香りが立ちますと。

善己　テンパリングセットみたいなのがあればいいですね。五つのスパイスが入ってますとか。爆発的に売れるかも(笑)。

―何はなくともターメリック―

――翌日のカレーは食べない？

善己 食べますよ。味がなじむのか、うまみはしっかりしてますね。

――そうなんだよね。インド人も意外とそういう人結構いるでしょう。「マトンカレーと豆のカレーは一晩おいたほうがうまいよ」と言うシェフもいた。

善己 日本人みたいなことを言って(笑)。うちのインド人スタッフも翌日のカレーを「おいしい、おいしい」って食べてる。

――例えば料理教室をやる時とか、意識的にカレーをおいしくつくるためによく言っていることってどんなこと？

善己 火加減、水加減。**水はやっぱり入れすぎない。素材から出る水分が絶対あるので**、素材の水分をうまく利用しないともったいないから。**水分を入れすぎるとおいしくできない**。

――塩加減って何回見る？　一つのカレーをつくるのに。

善己 最後だけかな。ある程度の想像量を加えておいて、最後に微調整。

――塩をタイミング分けてこまめに加えたりはしない？

善己 ムットゥたちが**調理途中でターメリックをチョイチョイ加える**っていうのは見てるんですよ。

だから、入れる素材に合わせて。例えばエビのカレーでも、じゃがいもとエビの両方の具材が入った場合は、いもを入れたらターメリックで炒めて、次にエビ入れたらチャッとターメリックで炒めるっていう。

―― 面白いね、それ。ターメリックの香りでこまめに味を引き立てる。

善己 やっぱりインドのベースってターメリックがすごく重要だから。

―― そうだよね。ラタトゥイユとかもそうだけど、新しい素材を入れるごとにちょっとずつ塩をふったりとかするじゃない。素材の味を引き立てるために。10分の1ずつの塩を10回加えると100%になる。その感覚にちょっと近いのかもね。素材にターメリックの香りを軽く移すっていう。

善己 だから、ヨーグルトカレーもヨーグルトを加えた後に少しターメリックを加えるんですよ。シーフードとかの場合は、先にレモン汁とターメリックを合わせるし。だから、すべてにおいてターメリックが具材に対しての重要スパイスなのかな。さっきも言った、豚肉を炒める時にはターメリックを絶対入れる、みたいな。マトンを炒める時もターメリックは入れるっていう。

―― **何はなくともターメリック**。豆やマトンを別にボイルしておく時にも入れるもんね。

善己 絶対に入れますね。あと、しょうがは肉の臭み消しと下味をつける狙い。他のスパイスを入れて煮るとかあまりないですから。入れるのは基本ターメリックのみ。あとは塩はバシッと決まらないと。だから、おいしくないインド料理は、ちょっと塩加減が足りないのかなという時もありますよね。

――締まりがないというのはあるかもね。でも、香りの立ち方、塩味の効き方とか、あとは酸味の感じとか、各調理プロセスではやっぱりそのメリハリ。その辺がピシッと決まるとおいしい南インドカレーになるんだろうね。

善己　そうですね。南インド料理って、さっさとつくれちゃうわりには、油とかスパイスを結構しっかり使っているし、火もしっかり入れているから。その辺が、みんなネットで拾ってきたようなレシピを見てつくったりしたら、物足りなくなっちゃうんじゃないかな。

――ところで、スパイスを5種類しか使えませんって言われたら、どの5種類を使う？

善己　**ターメリック、コリアンダー、グリーンチリ、マスタードシード。あとは、スパイスじゃないけど、南インドではタマリンドがないとちょっと話にならないので。それとココナッツオイルですね。**やっぱり生のココナッツを使って、搾り汁と、果肉の部分ね。やっぱり全然違いますね。あれはやっぱり肉の部分を炒めていくと、なじんでグレービーになるじゃないですか。あの時のフレッシュ感はやっぱり全然違いますよね。

――一番好きなカレーは何ですか？

善己　やっぱりダール[注56]かな。僕がよくインドでやっていたのが、レストランにチキンマサラがあったら、チキンマサラとダールを頼むんです。インド中どこでもそのメニューってあるじゃないですか。お店の味の違いが分かるかなと思ってそればっかり頼んでいたら、ダールって慈悲深くておいしいなって。豆のうまみが。何もないのに豆ってうまいじゃないですか。

──あれもテンパリングで香りが立つからね。やっぱり仕上げの香りがカレーの出来を左右する。

善己 そうですね。

──ありがとうございました。

インタビューを終えて

Interview with Yoshimi Nair

火入れによる加熱のコントロールと風味のメリハリについて、ナイル善己とは、もう何度も話し合っている。お互いの見解が一致しているから、「うんうん、そうだよね」で話は済んでしまう。ケララ料理はココナツオイルがないと現地の味が出せない、としながらも、おいしいカレーをつくるポイントとして、仕上げの香りを立てる方法について話してくれた。「最大のポイントはテンパリング」というが、仕上げの香りだけでなく、調理プロセス上、香りを立てるチャンスは逃さないのがナイル流。

青とうがらしは辛みと香りづけ、ホールの赤とうがらしは香りを重視する。たまねぎを炒める時に強火で表面をこんがりさせるように、スパイスもそれ自体の香りとは別の香ばしさを引き出したい。パウダースパイスはしっかり炒めると苦みが消え、それから香りが立つ。ただし、最も立たせたい香りは、やはり仕上がり直前に加えるのがいい。

食べるスパイスと食べないスパイスについて話は大いに盛り上がった。スパイスについての深い議論は楽しくてやめられない。

奥義 10

新宿中村屋

二宮 健

にのみや・たけし　1936年旧満州生まれ。52年、㈱中村屋入社。入社後、中国料理、西洋料理を手がけ、中村屋の外食事業の礎を築いた後、75年に総料理長に就任。現在は総料理長兼チーフテイスターとして、業務用食材や菓子などの開発に携わり、中村屋全体の味をチェックし、伝統の味の伝承に力を注いでいる。

Interview with Takeshi Ninomiya

「おいしいカレーを生み出すメカニズムとは？」

同じ味を長きにわたってつくり続けることによって、あるカレーの味が収れんされ、完成形へと向かっていくのだとすれば、「新宿中村屋」のカリーは、日本で最も完成に近い姿をしているのかもしれない。日本で初めてのインドカレーと呼ばれるこのカリーが誕生したのは、今からおよそ90年ほど前だ。生みの親であるインド独立運動の革命家、ラス・ビハリ・ボースがベンガル地方出身だったことから、インド・ベンガル料理をベースにしているが、今や、ジャンルを超えたオリジナルカレーへと仕上がっている。

鶏肉の味わい、たまねぎの甘み、乳製品のコク、スパイスの香りが高いグレードでバランスを取った完成品。そんな「中村屋」のカリーは、長い歴史の中で培った失敗や改善を伝承し、そこで生まれた勘、コツ、経験を数値化している。たまねぎの糖度やヨーグルトのペーハーを計測して仕上げるカレーは、シェフの経験や感覚、コツに頼るカレーとは全く異質の存在である。

この味の進化を実に60年以上にわたって見続けてきた二宮さんは、総料理長であり、チーフテイスターという肩書を持つ、いわば、「中村屋」のインドカリーの〝良心〟である。このカリーの設計書を誰よりも知りつくし、より高めることに腐心してきた二宮さんの頭の中は一体どうなっているのだろうか。そこにおいしいカレーを生み出すメカニズムが潜んでいるんじゃないかと思う。

―カリーの上流、中流、下流―

――「中村屋」のインドカリーは、昔はシェフの腕にたよるかたちで料理されていたはずですよね。直伝というか、料理長から料理長へテクニックが受け継がれていく。それがある時から、大釜でつくるために数値で管理をして、誰がやっても、高いクオリティーで仕上げられるようにした。

二宮　**勘とコツと経験。これを数値化するということですよね。**今のうちのカリーは、鶏の問題、それから米の問題、それからたまねぎとかいろいろと、根っこの部分から取り組んでいます。食は農と直結しているという考え方に基づいてカリーの原材料を上流に位置づけた時に、中流としての原材料の処理、下流として現場での調理手法、と三つに分けて捉えてるんです。

――原材料を突き詰めて考えるということが上流にあって、そこで間違えると、どんなに調理テクニックが優れていても限界があるということですね。上流に位置づけられている素材について具体的に教えてください。

二宮　鶏肉は吟味しましたね。やっぱりボースが当時、日本の鶏のまずさというのをものすごく気にしていたんです。うちでは創業者のころからさまざまな鶏を試し、鶏種の交配を行って、カリーに適する鶏肉をつくり出しました。

――現在使用している鶏肉ですが、普通の鶏肉と一番違うのは、どこですか？

二宮　煮れば煮るほどおいしい。

――煮込みに向いているんですね。インド料理って、ブイヨンを取らずに、煮込んでいる肉からだしを抽出する。やっぱりボースのインド料理に関する感覚が、今でも「中村屋」の味には生きているということですよね。煮込み時間は長いんですか？

二宮　大体小一時間ですね。それでもやっぱりちょっと堅いんですよ。つまり、骨から肉離れしないで、それをでき上がってから一定時間むらす。当時は2〜3時間むらしてましたが、今の鶏だったら30分くらい。

――お米はどこのものですか？

二宮　石川県で契約栽培の白目米（しろめまい）とコシヒカリ。カリーソースをかけるとライスにスーッとソースが染み渡るような。ある程度、パラパラ感があって、モチモチ感もある米。たまねぎは、主に淡路島産ですね。

――たまねぎも当然、上流ですよね？

二宮　たまねぎの場合は、やっぱり年間で相当な量を使いますので、品質を保つことが大切。**0℃で冷蔵貯蔵管理をしています。そのことでまた糖度が上がり、非常においしくなっています。**収穫は6月後半には終わり、8月ころにはすべて貯蔵します。陰干しした後、倉庫内で乾燥させ、検品後、冷蔵庫で0℃で保管してもらっています。それを炒めて、年間通して使えるようなかたちにしています。

――なるほど。炒め終わったものを再び貯蔵すると、そこでも味にプラスに影響しそうですね。

二宮　ありますよね。たまねぎをバターで炒めてパックして普通は急速冷凍するんですが、うちでは、一晩以上かけてそのまま余熱を利用してゆっくり冷まして冷凍する方法をとっています。そのほうがおいしくなる。

――カレーは一晩寝かせたらおいしくなるというけれども、そのカレーができ上がる手前で、炒めたまねぎがまず一晩寝かされている。うまみは増しますよね。

―スパイスを煎じてつくる隠し味―

――あと他に上流のものって何かありますか？

二宮　カリー粉なんかは、私は上流ではなく中流だと思っているんです。

――カレー粉は2種類をブレンドされているそうですね。ボースとゆかりのある二人のインド人がきっかけで使用することになったカレー粉だと聞きました。それぞれどういう特徴があるんですか？

二宮　一つはカリー粉のメッシュが細かく、もう一つはメッシュが粗いんです。だから早く風味が出るのは前者。その後じっくり風味が出てくるのが後者という2段構えになったんです。

――時間差があるんですね。それは面白いですね。他に中流に位置しているのは？

二宮　バター、自家製ヨーグルト、ガラムマサラ、煎じマサラ。塩は海水塩を使ってます。それから**うまみとゼラチンの多いスープ**、チキンブイヨンですね。これを特に念入りにやっています。

――ヨーグルトはかなり「中村屋」のカリーの特徴を決めていると思うんですよね。

二宮　決めてますね。

――やはりヨーグルトの風味とか、乳製品のうまみをとても強く感じますよね。ヨーグルトに関しては、ペーハーを測って管理をしているんですよね。ヨーグルト自体どのようなコンセプトでつくられているんですか？

二宮　自家製です。かなり酸味はありますが、基準はペーハーで管理しています。**うまみにスパイスが負けないためには、どうしてもキレが良くないと駄目なんです。**そのためにはすっぱいヨーグルトがいいんですね。

――ヨーグルトのおかげで、うまみに負けずに味が締まる。

二宮　そうです。それと、煎じマサラは戦前からやっていました。ボースがアーユルヴェーダ（注57）の考え方に基づいて教えたもの。**ホールスパイスを水だけで煎じる**んですね。2時間ほど煮出してこした、エキスを加えている。

――煎じマサラという黒くて苦いエキスを、分かりやすく言えばカレーの隠し味として入れる。でも、あのきれいな黄色のカレーにあの黒いものを入れて、でも、仕上がりは明るいきれいな色を保っているということは、本当に微量ですよね。

二宮　1人分は、カリー粉に換算すると、1グラム程度ですから。

――少量でも味に奥行きが出るんですね。塩はやっぱり海の塩がいいんですか？

二宮　岩塩と比較テストをやったんですが、海水塩のほうが良かったんです。味がマイルドになる。

―カレー粉をスープで練る―

――ブイヨンのゼラチンが「中村屋」のカリーに与える影響は何ですか？

二宮　バターもたくさん使います。そのバターが浮いてきます。ソースの中で平均的に懸濁（けんだく）できるか。そうしないとばらつきが出てしまいます。どうしようかなと悩んでいた時に、たまたま大阪の万博でおでん屋さんに行ったら牛スジが煮込まれていて、その牛スジから出てくる**ゼラチンが、浮いてくる脂を全部中で包んでコーティングしている。**(注58)結果、だしの味との同質性を生んでいた。これだ！と思いましたね。改めてモミジとか手羽の部分とか、廃鶏、親鶏のゼラチン質の多いものを使って試作してみたんです。ゼラチンが多いので予想したとおりバターが浮かないことが分かり、懸濁できるようなカリー専用釜をつくったんですよ。**深い釜で炊くと下から上へ気泡が上がっていき、途中で泡がパッパパッパと散っていく。肉がいっぱい入っているからぶつかって破裂する。そのショックでゼラ**

チンが脂を包んでいくんだよね。

――　僕も感覚として思っているのは、炒める時は底面積が広くて浅い鍋、煮込む時は底面積が狭くて深い鍋のほうがおいしくなるということです。水と油というのは加熱を進めていけば分離するわけで、それだと当然ばらつきが出る。食べた時の食感として、水分と油を別に口に入れているような感覚があるから。そこをなじませるためにゼラチンのコーティングという手法にたどりついた。

二宮　そうですね。これは下流の話になるんですが、カレーの煮方の問題ですよね。実はスパイスと**カリー粉をスープと合わせて練っている**んです。

――　いわゆる普通のインド料理のやり方でいくと、たまねぎを炒めていったベースのところにパウダースパイスがドカッと入って混ぜるじゃないですか。そこから水分を入れてマサラになるんですけど……。それを、炒めたまねぎと合わせる前にスープとカレー粉を練るんですか？

二宮　たまねぎを炒めて、肉を入れて、ヨーグルトを入れるでしょう。で、スープを入れるじゃないですか。スープを入れてひと煮立ちさせる。そのスープでカリー粉を練ってしばらく寝かせてから釜に戻し、煮込みます。

――　スープだけを少し取り出してカレー粉に混ぜていって、練っていくんですね。

二宮　ええ。それをやっておくと何となく味が違うんです。ダマにならないし、なじみがいい。

――　スープの中には、ゼラチンも含めてかなりの脂分が出ているので、ここで融合される。

二宮　そうですね。その通りです。

――僕は、自分でいつもインド料理式のつくり方をしていて疑問に思うのは、煮ている時間にスパイスの香りってどんどん飛んじゃうんじゃないかということなんですよね。当然、最後にテンパリングしたりとかすれば、またその香りは立ちますけど、粉のスパイスは長時間煮込んだら香りは残りにくい。カレー粉を練ってから混ぜ合わせる方法だと、風味が保たれそうですよね。

二宮　そうですね。カリー粉が膨潤（ぼうじゅん）しているから……。粉がスープを吸って膨らむ。スープを吸ったカリー粉自身が油脂分にグッと包まれますからね。それが核になって、スープが、脂が、そしてゼラチンがつきますからね。

――練っている時に行われているのは、**カレー粉の周りにゼラチンがくっついていってコーティングされていく**ことになるんだ。なるほど、面白いですね。

―勘、コツ、経験を数値化する―

――では、ほかの下流はいかがでしょう。

二宮　じゃがいもは男爵を使っているんです。煮崩れが出ないように配慮しています。つまり、カリーの味はカリーで出したいと。じゃがいもは別で調理して合わせようということで、一種のじゃがいもサブジ[注59]みたいな感じのものをイメージして、できたものをカリーソースに混ぜ合わせています。

―― 今の「中村屋」のカリーは、じゃがいものでんぷん質の影響を受けていないソースでわりとサラッとしていますね。じゃがいもは別に調理したほうが、ソースとしての完成度が保たれますよね。

二宮 そうなんです。

―― ヨーグルトのペーハー以外に数値でコントロールしているものってありますか? たまねぎの糖度とか?

二宮 たまねぎの糖度にはばらつきがあります。ですから、糖度計管理はしますけど、出来高で調整していますね。重量の出来高管理。時期によって変わるんです。今我々の炒めたまねぎの糖度は、約40度ありますからね。

―― たまねぎ炒めの脱水率は高いそうですが、その時の糖度によって量を調整するということですね。

二宮 そうです。管理は糖度だけじゃできないですね。出来高ではかるしかありません。出来高管理は深さでやってますね。深さと煮詰まり具合。これでやってます。

―― 一食あたりの塩分はどれくらいですか?

二宮 **1%未満**にしているんです。

―― 塩といえば、鶏は丸鶏の状態で塩水漬けしていると聞きました。

二宮 そうです。鶏は中抜きして、一晩5%の塩水に漬けています。その後、スライサーで部位ごとに切っていいます。1羽を大体24個、8人前ですね。塩水漬けにしておくと肉が締まりますでしょう。したがって、煮崩れがない。それから、ある程度漬け込むことで、ある種の熟成味というか、うまみも出るし、しっとり感も出るんです。

――なるほど。勘とコツと経験で今まで職人がやっていた世界と、数値管理の世界とは、何が違うんでしょう。数値でやれるならもう勘とコツと経験は必要ないんでしょうか?

二宮 そんなことはありません。中村屋のカリーの場合、これまで培ってきたことを伝承し、勘、コツ、経験があるからこそ数値化できたのです。現在も担当料理長をはじめ、複数の人で毎日味のチェック、数値のチェックもしています。勘、コツ、経験、数値、すべて重要な要素です。

――最後に二宮さんにとっておいしいカレーとは何ですか?

二宮 以前はお客様が食べた時に皿の中に何も残ってないかどうか。ちゃんとおいしく食べてもらったのか。それを見ましたね。でも、最近分かったのは、そういうお客様たちというのは、おいしかった後ホッとしているんだと。「中村屋」のカリーに少しの時間、心身ともに委ねたという、ほんのわずかな時間だけどそうしてもらっているなと。特にこれからうちのカリーは、心身ともにホッとしてもらえるようなものにしていかなきゃいけない。だからこそスパイスの効能を追求した先に「中村屋」のカリーのあるべき姿にたどりつくかもしれません。朝起きた時に急に「中村屋」に行きたくなった、カリーが食べたくなったというお客様がいらっしゃると、昔から聞いているんですよ。だから、**これからやらなきゃいけないことは、スパイスの吟味なのかもしれません。**

――ありがとうございました。

インタビューを終えて

Interview with Takeshi Ninomiya

勘とコツと経験を数値化する。それがどれだけ大変なことなのか。日本で最も長い間、インドカリーという一つのメニューを突き詰め、提供し続けている「新宿中村屋」がたどりついている場所は気が遠くなるほど先の方にある。

たまねぎは0℃で貯蔵管理し、糖度を上げる。脱水率は高く、一晩以上かけて余熱を利用して冷まし、冷凍する。そのプロセスで味が深まる。たまねぎは糖度と容量で管理する。煮込みに向いている鶏肉を5%の塩水に一晩漬けた後、煮込んでうまみとゼラチンの多いスープを取る。深い釜で炊くと気泡が上がり、肉にぶつかり破裂が起こる。そのショックで油脂分をゼラチンが包む。うまみに負けないペーハーのヨーグルトでバランスを取る。カレー粉をスープで練り、混ぜ合わせる。スパイスを水で煎じたマサラを隠し味に。塩分は一食あたり1%未満に……。

さらにこれからはスパイスの吟味が必要なのだと言う。二宮さんはそこにもサイエンスを入れていくつもりだろうか。置いて行かれないようについていきたい。

― おわりに ―

すべてのカレーには二つの側面がある。カルチャーとサイエンスである。これらは常に区別して解釈するべきだ。例えば、インドカレーでは、生肉をそのまま鍋に放り込んでグツグツと乱暴に煮込む。インドで伝統的に行われてきたこのプロセスには、何かしらの理由があり、それがインドの食文化の一端を彩っている。でも、調理科学的側面からすれば、肉には下味をつけ、リソレして表面を焼き、余計な脂を取り除いてからフツフツと優しく煮込んだほうがおいしくなるはずだ。

この矛盾を「本場ではこうしてるから」とか、「インド料理とはこういうものだから」で済ませるわけにはいかない。目を見張るような生活の知恵が隠されている可能性もあるし、やむにやまれぬ事情による妥協が眠っている可能性もある。すべてのプロセスにそれが妥当であるというエビデンス（証拠）を求めてしまう僕は、アーユルヴェーダよりも西洋医学を信じるタイプなのかもしれない。

勘とコツと経験を数値化するんだと二宮さんが言った。それこそエビデンスがなければそんなことは不可能だ。僕がカレーの世界で目指していることは、二宮さんが「新宿中村屋」でしてきたことに似ているんじゃないかと思った。そう思うと自分の歩もうとする道のりは果てしなく長く、途方に暮れてしまう。ただ、長年の修業のうえにたどりつくものが勘とコツと経験だとすれば、それを属人的なもので終わらせるのではなく、誰にでも開かれた共有の財産にしたい。

10人のシェフが話してくれたことは、本当に示唆に富んでいた。本来なら内緒にしておきたいテクニックや店の味の根幹に関わるかもしれないエッセンスを惜しげもなく披露してくれたシェフたちの器の大きさに感服した。これから先、僕はこの本を何度も読み返すことになるのだろう。今の時点で理解しきれないことの中にも僕が知見を積むことでいつか腑(ふ)に落ちる内容があるのかもしれない。

カレーとは何かを解明したい。本書の冒頭にそう書いた。でも本当は、それを解明するのは僕じゃなくてもいいと思っている。世の中の誰かが解明してくれればいい。それならば僕はそこにつながるキッカケを一つでも多く世の中に残したい。疑問や課題を投げかけたい。カレーという料理はそれほど謎に満ちている。僕はまだまだカレーという料理の世界でもがき続けていたい。

水野仁輔

〔本文注釈〕

1 【デリーオニオン】「デリー」のカレーをつくるうえでベースとなる炒めたまねぎのこと。

2 【コルマ】ヨーグルト、ナッツ、クリームなどでコクと深みがプラスされた乳製品ベースのインド料理。

3 【テンパリング】油でスパイスを熱して香りを引き出す作業。

4 【カレーリーフ】別名、南洋山椒。かんきつ系の爽やかな香りのスパイス。南インドからスリランカにかけて自生する。香ばしいカレーの香りも持つ。

5 【マサラ】複数種のスパイスを粉状にひいて混ぜ合わせたもの。

6 【ホモジナイズ】均質化すること。

7 【ブランシェ】沸騰した湯に入れ軽く火を通すこと。

8 【ブリスケ】牛肩バラ肉の一部。

9 【リソレ】表面に焼き色をつけること。

10 【ブフ・ブルギニオン】フランスの伝統的な料理の一つ「牛肉の赤ワイン煮」。

11 【シャスール】きのこ、エシャロット、白ワインでつくったソース。

12 【キャトルエピス】こしょう、シナモン、クローブ、ナツメグなどでつくられるフランスのミックススパイス。

13 【ミルポワ】小さな角切りにした香味野菜（にんじん、たまねぎ、セロリなど）。

14 【モンテ】ソースの仕上げにバターを加えて濃度やコクをつけること。

15 【アジャンタ】1950年代に開店したインド料理レストラン。現在は、東京・麹町にて営業。

16 【アチャール】野菜や果物の漬物、常備菜。オイル漬けが多い。

17 【チキンティッカ】ヨーグルトとスパイスで漬け込んだ鶏肉をタンドール（窯）で焼いたもの。

18 【モティ】1978年創業の北インド料理店。

19 【グレービー】カレーソース。

20 【タージ】1975年創業の北インド料理店。

21 【ヘット】牛の脂を精製した食用油脂。

22 【チーユ】鶏肉の脂肪分を熱して抽出した油。

23 【プーパッポン】かにを使ったタイのシーフードカレー。

24 【サワーカレー】ゲーン・ソム。タイ南部の酸っぱくて辛いカレー。

25 【マッサマン】ゲーン・マッサマン。ムスリムの影響を受けた濃厚な味わいのタイカレー。

26 【カントリー】「ピキヌー」で供しているココナツミルクを使わないカレー。

27 【パネン】ゲーン・パネン。タイ南部の水分の少ないカレー。

28 【ポークビンダルー】ポルトガル料理の影響を受けたインド・ゴア州の名物料理。酸味の強いカレー。

29 【サンバル】豆や野菜を使ったスープ。南インドでは定番メニュー。

30 【カー】ショウガ科の植物。爽やかな甘い香りが特徴。タイカレーの香りづけなどに使用。

31 【ホムデン】 ねぎとシャロットの雑種。特有の香りと風味を持つ。

32 【バイマックル】 こぶみかんの葉。

33 【タオチアオソース】 大豆を発酵させた調味料。みそのような味わいがある。

34 【マルサラ酒】 イタリア・シチリア島でつくられる酒精強化ワイン。

35 【マデイラ酒】 ポルトガル領・マデイラ島でつくられる酒精強化ワイン。

36 【デグラッセ】 鍋底についた肉汁などのうまみ成分をワインやだしで溶かし取ること。

37 【ローステッドカレーパウダー】 香辛料をローストしてあるスリランカでよく使われるミックススパイス。

38 【ランペ】 スリランカカレーには欠かせない甘い香りを持つハーブ。

39 【カラピンチャ】 カレーリーフ（4）のこと。スリランカでこう呼ばれる。

40 【ゴラカ】 ガルシニア。魚のにおい消しや酸味を加えるスパイス。

41 【モルジブフィッシュ】 ハガツオの加工品。ゆでた後に燻煙、乾燥させてつくる。

42 【フェヌグリークシード】 砕くと焦げた砂糖、メープルのような甘い香りと苦みが感じられる。カレー粉、チャツネの材料として使用されている。

43 【ゴア】 インド西岸部の州。

44 【ケララ】 アラビア海に面するインド南西部の州。

45 【ガーニッシュ】 付け合わせ。薬味。

46 【ヒング】 セリ科の多年草からつくられるスパイス。樹脂を乾燥させて粉状にひいたもので、強烈な刺激臭があるが、少量を煮込むとうまみが生まれる。

47 【タマリンド】 チャツネなどに使われる果実。

48 【メース】 ナツメグの木の果実を割り、仮種皮の膜を乾燥させたスパイス。

49 【フェンネルシード】 セリ科フェンネルの種。甘い芳香が特徴。

50 【チェティナードマトン】 南インド、タミル・ナードゥ州南部のチェティナード地方で生まれたマトン料理。

51 【メティ】 フェヌグリーク。（42）参照。

52 【コチ】 インド・ケララ州のアラビア海に面した街。

53 【コクム】 コカムと呼ばれることもある。スリランカのゴラカと同じ魚料理と相性のいい果実。

54 【チャナダール】 インド料理で使われるひき割りのひよこ豆。

55 【ウラドダール】 毛つるアズキ。インド料理で使われるひき割りの豆。

56 【ダール】 ひき割りの豆のこと。または、豆料理、豆のカレーの総称。

57 【アーユルヴェーダ】 インド、スリランカで生まれた伝統医学。

58 【モミジ】 鶏の足のガラ。

59 【サブジ】 スパイシーな野菜の蒸し煮。

奥義 01　デリー上野店

住所　東京都文京区湯島3-42-2
電話　03-3831-7311
営業時間　11:50〜21:30 (L.O)
定休日　年末年始

奥義 02　ルー・ド・メール

住所　東京都千代田区内神田3-10-7　斉藤ビル2F
電話　03-5298-4390
営業時間　平日11:30〜14:30 (L.O)、17:30〜20:30 (L.O)
土曜日 11:30〜14:30 (L.O)、17:30〜20:00 (L.O)
祝日 11:30〜16:00 (閉店)
定休日　日・第2月曜日

奥義 03　サールナート

住所　千葉県船橋市宮本5-1-8
電話　047-426-0231
営業時間　お店にお問い合わせください。
定休日　水曜日

奥義 04　レストラン吾妻

住所　東京都墨田区吾妻橋2-7-8
電話　03-3622-7857
営業時間　17:30〜20:00 (L.O)
定休日　水・木曜日

奥義 05　共栄堂

住所　東京都千代田区神田神保町1-6 サンビルB1F
電話　03-3291-1475
営業時間　月〜土曜日　11:00〜19:45 (L.O)
定休日　日曜日 (祝日は不定休)

2016年3月時点の情報です。

奥義 06 ピキヌー

住所 東京都世田谷区駒沢1-4-10 サエキビル1F
電話 03-3422-7702
営業時間 月〜金曜日 11:30〜15:00 (L.O)、
18:00〜21:00 (L.O)
土・日曜・祝日 12:00〜15:00 (L.O)、
18:00〜21:00 (L.O)
定休日 火・水曜日

奥義 07 ラ・ファソン古賀

住所 東京都渋谷区上原1-32-5 ロイヤルテラス1F
電話 03-5452-8033
営業時間 11:30〜13:30 (L.O)
18:00〜22:00 (L.O)
定休日 水曜日

奥義 08 KALUTARA (カルータラ)

住所 大阪市西区江戸堀1-15-9 フラッグス肥後橋1F
電話 06-6447-6636
営業時間 平日 11:30〜14:30
18:00〜20:30 (夜は予約のみ)
定休日 土・日曜・祝日

奥義 09 ナイルレストラン

住所 東京都中央区銀座4-10-7
電話 03-3541-8246
営業時間 月〜土曜日 11:30〜21:30
日曜・祝日 11:30〜20:30
定休日 火曜日

奥義 10 レストラン&カフェ Manna (マンナ) 新宿中村屋

住所 東京都新宿区新宿3-26-13 新宿中村屋ビルB2F
電話 03-5362-7501 予約は不可
営業時間 月〜木・日曜日 11:00〜21:30 (L.O)
金・土曜・祝前日 11:00〜21:45 (L.O)
定休日 1月1日

水野仁輔

みずの・じんすけ　1974年静岡県生まれ。5歳の時に地元・浜松市にあったインドカレー専門店「ボンベイ」の味に出会う。大学進学後、東京都内を中心に食べ歩きをしつつ、インド料理店で働き、基本的なカレーのテクニックを習得。以後、独学で日本のみならず世界のさまざまなカレーを研究し続けている。1999年に出張料理集団「東京カリ～番長」を、2008年にはインド料理集団「東京スパイス番長」を結成。カレーに関する著書は、『スパイスマジックでつくる カレーの法則』『初心者的カレーの鉄則』『水野仁輔 カレーの教科書』（いずれもNHK出版）はじめ約40冊。現在は自らカレーに特化したプロジェクト「イートミー計画」を立ち上げマニアックなカレー本の制作を行っている。
http://www.curry-book.com/

水野仁輔　カレーの奥義

プロ10人があかすテクニック

2016（平成28）年5月20日　第1刷発行

著者　水野仁輔

発行者　小泉公二
発行所　NHK出版
〒150-8081　東京都渋谷区宇田川町41-1
電話　0570-002-048（編集）
0570-000-321（注文）
ホームページ　http://www.nhk-book.co.jp
振替　00110-1-49701
印刷　亨有堂印刷所・近代美術
製本　藤田製本

Printed in Japan　ISBN 978-4-14-033295-5 C2077